LE
MÉTAYAGE

PAR

André HABER

DOCTEUR EN DROIT

AVOCAT A LA COUR D'APPEL

PARIS

LIBRAIRIE NOUVELLE DE DROIT ET DE JURISPRUDENCE

ARTHUR ROUSSEAU

ÉDITEUR

14, rue Soufflot, et rue Toullier, 13

1900

THÈSE

POUR LE DOCTORAT

La Faculté n'entend donner ni approbation ni improbation aux opinions émises dans les Thèses ; ces opinions doivent être considérées comme propres à leurs auteurs.

UNIVERSITÉ DE PARIS — FACULTÉ DE DROIT

LE MÉTAYAGE

THÈSE POUR LE DOCTORAT

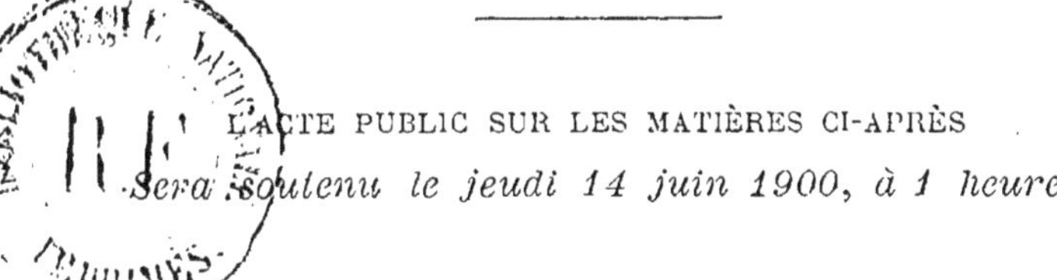

L'ACTE PUBLIC SUR LES MATIÈRES CI-APRÈS

Sera soutenu le jeudi 14 juin 1900, à 1 heure

PAR

André HABER

AVOCAT A LA COUR D'APPEL

Président : M. WEISS.

Suffragants : MM. MASSIGLI, SOUCHON, *professeurs.*

PARIS

LIBRAIRIE NOUVELLE DE DROIT ET DE JURISPRUDENCE

ARTHUR ROUSSEAU

ÉDITEUR

14, rue Soufflot, et rue Toullier, 13

1900

DÉFINITION

Dès le début de l'étude que nous nous proposons de faire du métayage, il convient, selon l'usage, d'en donner une définition. — Qu'est-ce donc que le métayage ? — Parmi les nombreuses réponses qui ont été faites à cette question. bien peu semblent réunir les qualités de toute bonne définition qui doit être à la fois exacte, complète et brève. Dans presque chacune d'elle un côté de la question, est resté dans l'ombre ; peut-être faut-il voir dans cette première difficulté le résultat de l'indécision juridique dans laquelle fonctionne cette institution, indécision qui a favorisé l'éclosion et le développement d'une foule de doctrines, difficiles à coordonner et à résumer en quelques mots ?

Le métayage est en effet l'un des plus anciens modes de faire-valoir, son origine remonte aux premières pages de l'histoire, et sa naissance paraît contemporaine de celle du droit de propriété lui-même. Le législateur s'est donc trouvé en présence d'un état de choses préexistantes, où l'usage régnait en maître, il a du le prendre tel quel, et, pour l'adapter aux besoins de la jurisprudence moderne, faire les règles d'après le contrat, et non le contrat d'après les règles.

Pour nous faire du métayage une idée juste, il faut donc considérer d'abord ce qu'il est en pratique, nous verrons ensuite plus exactement quelle définition lui convient :

« Un propriétaire possède un domaine, dit M. de Tour-« donnet dans son remarquable rapport sur la situation « du métayage en France, il ne veut pas l'exploiter lui-« même, mais il ne veut pas se désintéresser complètement « de la gestion, en l'abandonnant, moyennant une rente « fixe, à un fermier qui, jouissant de sa pleine liberté d'ac-« tion, ne recevrait ni son impulsion, ni son avis sur les « actes imprévus de l'administration culturale ; il cherche « en conséquence un exploitant plus simple, plus docile, « plus dans la main comme on dit, il avise un travailleur « de bonne volonté et le prend pour métayer. Qu'est ce « métayer ? c'est en général un cultivateur n'ayant que ses « bras et ceux de sa famille, possédant à peine un maigre « mobilier, sans avances et sans crédit, n'étant pas doué « d'assez d'intelligence pour innover, mais très apte, s'il « peut disposer d'un domaine, à accomplir les travaux con-« formes à la tradition locale et ceux qui lui seront com-« mandés. Le propriétaire se garde bien de lui demander « une rente fixe, il sait qu'il ne pourrait être soldé ; il fait « donc tous les frais de l'exploitation, et retient le montant « des produits, ouvrant une sorte de compte courant au « métayer. Mais pour le rémunérer de son travail, de ses « peines, de sa coopération et de celle de sa famille, il lui « délaisse par bail ou par convention verbale une portion « des fruits résultant de l'exploitation, la moitié habituelle-

« ment; Voilà le métayer en substance, un copartageant « de fruits ».

Ce n'est évidemment pas là une définition que nous proposons du métayage, mais il est bien difficile de mieux résumer et d'exposer plus clairement les conditions pratiques dans lesquelles se pose la question, et les difficultés que sert à résoudre le métayage.

Ce sont, rappelés en quelques lignes, tous les avantages économiques que procure à tous, propriétaires et ouvriers, ce mode d'exploitation agricole.

D'après le dictionnaire de Bescherelle « le *métayer* ou « *colon partiaire* est le cultivateur qui partage par moitié « et en nature, avec son propriétaire, les récoltes et les « produits de sa ferme ».

On peut faire à cette définition deux objections :

a) Pourquoi préciser ainsi la proportion suivant laquelle se fera le partage en nature? Encore que le partage par moitié soit d'usage général, cette proportion n'est pas de l'essence même de notre contrat : nous verrons qu'en matière de métayage appliqué aux vignobles, le métayer n'a en certains endroits que le tiers de la récolte.

b) Le mot propriétaire, pris dans son sens juridique, n'est également pas exact; nous verrons plus loin que la loi du 18 juillet 1889, s'est bien gardée de l'employer, et qu'elle désigne le *tradens* sous le nom de « *possesseur rural* », c'est en effet là le mot propre. Le fermier général, par exemple, n'a t-il pas le droit de placer un métayer à la tête de chacun des domaines qu'il a affermés? L'histoire nous montre au contraire que c'est sous cette forme qu'était régie la plus grande partie des métayages avant la Révolution.

Ces deux réserves faites, et apportant à la définition de Bescherelle les modifications qu'elle comporte, on peut définir le métayage : un contrat par lequel une personne appelée *métayer* ou *colon partiaire*, s'engage à cultiver un héritage rural, moyennant partage en nature des récoltes et fruits du dit héritage avec son *possesseur*.

Nous n'examinerons pas ici la définition qu'a donnée du métayage la loi du 18 juillet 1889. La discussion de l'article 1er de cette loi nous entraînerait en effet dans une longue controverse que nous exposerons plus loin au sujet de la nature du métayage.

Il nous reste auparavant à donner de ce contrat un rapide aperçu historique.

ÉTUDE HISTORIQUE

Il ne nous semble pas nécessaire, dans cette courte étude d'entrer, après tant de savants ouvrages, dans le détail de l'histoire du métayage. — Mais le rôle qu'il a joué dans le développement de nos institutions agricoles, et la place qu'il occupe encore aujourd'hui en France, rendent indispensable un rapide exposé de ses origines et de ses changements de fortune.

A défaut de textes, peu précis et par là même controversés, de sérieuses considérations économiques nous conduisent à admettre la très haute antiquité du métayage.

Lorsqu'eût pris fin l'ère des peuples pasteurs, lorsqu'après la propriété collective se développa la propriété individuelle, le mode de culture originaire fut l'exploitation du sol par le propriétaire lui-même, par le père de famille aidé de ses enfants. Comment donc agira le propriétaire placé par la maladie, par l'âge, ou par la mort de ses enfants, dans l'impossibilité d'accomplir lui-même les travaux nécessaires? — Certainement, à cette époque antérieure à l'usage de la monnaie, il n'aura pas recours au fermage à prix d'argent. Il nous semble d'autre part tout naturel que ce propriétaire cherche à conserver la main haute sur son bien, qu'il prenne ses précautions contre l'ignorance ou la mollesse d'un mercenaire. Moyennant une part en nature des fruits, celui-ci donnera à la terre les soins que son maître ne peut lui rendre, mais dont il surveillera l'exécution.

Envisagé de cette façon, on a pu dire le métayage contemporain de la propriété individuelle, dont il a du être l'indispensable complément.

M. Rérolle, dans sa remarquable étude sur le Métayage, en constate la très haute antiquité. Le colonage partiaire aurait selon lui, existé en *Judée*, et il cite à l'appui de son affirmation divers textes du Talmud d'après lesquels le cultivateur ne devait pas une redevance fixe en nature, mais une quantité proportionnelle à la récolte, fixée en général à la moitié ;

En faveur de l'existence du métayage chez les Hébreux, M. Rérolle invoque encore un passage de la Genèse, d'après lequel Joseph, fils de Jacob l'aurait introduit en Égypte. « Joseph, dit le texte, acheta les terres de tous ceux qui les « vendaient à cause de la grande famine..... et il dit au « peuple..... prenez les semences et cultivez de façon à « amener des récoltes ; vous en donnerez la cinquième « partie au roi, je vous en abandonne les quatre autres « pour les semences et pour votre nourriture et celle de « votre famille ».

Bien que ce partage proportionnel permette de croire à l'existence du colonat en Judée, cette question ne présente qu'un intérêt assez relatif, l'agriculture n'ayant jamais été fort en honneur chez un peuple passionné pour le commerce et les affaires. — De nombreuses prescriptions rituelles venaient d'ailleurs contrarier une exploitation agricole bien entendue. Un champ ne devait contenir que des cultures de même essence, il était défendu d'atteler à une même charrue un bœuf et un âne, — la castration des animaux était interdite, — les premiers nés de tous les animaux étaient offerts en sacrifice, — enfin, tous les sept ans, la terre était pendant un an laissée au repos sabbatique. C'était évidemment là autant d'entraves pour l'agriculture.

Passant à la *Grèce*, M. Rérolle soutient que le métayage y était également connu. Une curieuse inscription, conservée au musée de Leyde, et datant de l'archontat d'Eubule, vers 345 avant Jésus-Christ, mentionne que les habitants d'Ésone, près de l'Hymette, avaient loué à Autoclès et à son fils Antéas, pour 40 ans, le domaine de Philaida moyennant le paiement annuel de 152 drachmes : étendue du domaine, époque des paiements et de l'entrée en jouissance sont prévus de la façon la plus formelle. — et nous remarquons cette clause intéressante ; « en cas d'invasion ou de « dégâts causés par les ennemis, les Ésoniens auront la « moitié des choses étant sur le fonds ». Ne peut on voir là, déjà à cette époque, l'intervention du métayage aux moments de crise ?

On a de même soutenu qu'à Sparte, les Hilotes cultivaient des terres à charge de donner une quote-part des fruits au propriétaire.

Il faut néanmoins reconnaître qu'aucune preuve matérielle de l'existence du métayage en Grèce ne nous est parvenue, et qu'à ce sujet nous en sommes réduits aux conjectures.

Bien que les textes soient en petit nombre, l'existence du métayage à *Rome* est beaucoup moins problématique.

Assurément, Varon ni Columelle, les deux grands professeurs d'agronomie romaine, n'en font pas mention ; Caton nous dit simplement « qu'outre la nourriture des bœufs, le « politor » reçoit une partie de la récolte », et encore est on loin de s'entendre sur le sens du mot politor. Il nous faut arriver au Digeste pour rencontrer enfin des textes précis... et contradictoires. L'existence du métayage ne peut à ce moment être contestée, mais Gaïus et Ulpien, engageaient au sujet de sa nature juridique une querelle dont les échos sont parvenus jusqu'à nous, et qui n'est point encore apaisée.

A défaut de textes formels, l'étude de la marche de la civilisation romaine, mieux connue de nous que la société grecque, nous permet de démêler les origines du métayage, et dans quelles conditions il a pu germer et prospérer.

Au début, lors des origines romaines, l'austérité des mœurs et la rigidité légendaire des principes favorisent l'agriculture ; Rome n'a pas encore agrandi son territoire d'une façon démesurée, Cincinatus laboure, et le champ-de Régulus, pendant la guerre punique, est cultivé aux frais de la République. C'est l'époque où les propriétaires font eux-mêmes valoir leur fonds, d'une étendue minime.

Cependant, les succès des armes romaines reculent au loin les frontières, et font tomber aux mains des citoyens, avec les riches dépouilles des peuples vaincus, de vastes et fertiles territoires. La vie politique se concentre à Rome, et croit en activité et en violence ; les patriciens affluent à la Ville pour jouir des richesses conquises et briguer les charges publiques, laissant à des esclaves, dont chaque conquête accroît le nombre, le soin de veiller sur des domaines agrandis.

Mais, négligés par le maître, ceux-ci ne tardent pas à dépérir et, pour conjurer les fâcheux effets de la culture servile, intervient la loi Licinia. Désormais chaque propriétaire ne pût entretenir sur son domaine plus d'un nombre déterminé d'esclaves. La culture du surplus des terres dût être confiée à des hommes libres qui partagèrent les fruits avec le propriétaire. Le contrat qui liait entre eux propriétaires et exploitants, était celui de précaire, aussi M. de Gasparin a-t-il appelé cette association : colonat précaire.

C'est à cette époque, IIe siècle avant Jésus-Christ, que vivait Caton, dont nous avons cité plus haut un texte relatif aux politores. D'après lui, tout au moins en Campanie, à Casinum et à Vénafre, existaient des *politores*, ouvriers agricoles payés par une part de récolte. Ils prélevaient tantôt la septième tantôt la huitième corbeille, quelquefois même la neuvième dans les meilleures terres.

A cause de la modicité de ce prélèvement, on s'est demandé s'il s'agissait bien là de colons partiaires. D'après M. Mommsen, le politor ne serait qu'un ouvrier moissonneur ou batteur, payé en nature après la tâche faite au lieu de l'être en espèces. Peut-être même, vu le sens particulier du mot *polire*, cultiver avec soin, s'agit-t-il d'un surveillant, d'un chef de culture ? La part de ce surveillant variait alors avec la fertilité de la terre de façon à lui assurer un juste salaire.

Bien que M. de Gasparin prétende que le huitième de la récolte d'une bonne terre de Casinum ait été à ce moment une rétribution très suffisante pour un colon partiaire, il est permis de supposer que l'institution du commis ou du régisseur était déjà en usage ; l'emploi d'un surveillant, homme de confiance, parent ou ami, répond aux besoins de toute entreprise et a certainement été de tous les temps.

L'intérêt de cette discussion est d'ailleurs minime, car l'institution du colonat précaire va s'éclipser à la suite de l'essor toujours croissant des conquêtes romaines. D'autre part, les guerres civiles, les proscriptions, les abus de toutes sortes, favorisent la formation de ces fameux latifundia, domaines immenses, abandonnés par les maîtres, et laissés incultes par les esclaves, qui, suivant le mot de Pline : « perdirent l'Italie et presque toutes les provinces ».

Le colonat n'avait d'ailleurs pas disparu à l'époque où vivait Pline, ami et familier de l'empereur Trajan, ainsi qu'en témoignent deux lettres fort curieuses citées par M. de Tourdonnet.

Dans la première, il fait part à son ami de son désir d'acheter une terre dans la Gaule Cisalpine, mais il craint de ne pas trouver de fermiers solvables. Ceux qui cultivent en ce moment sont saisis, et le propriétaire, en diminuant leur dette, les a mis dans l'impossibilité de se libérer. Pline songe à la culture à part de fruits « car dans la Gaule « Cisalpine on ne se sert pas d'esclaves pour la culture des « terres ».

L'autre lettre dont nous empruntons la traduction à M. de Tourdonnet, mérite d'être citée presqu'en entier: « Je suis retenu ici, écrit Pline à son ami Paulin, par la « nécessité de trouver des fermiers. Il s'agit de mettre des « terres en valeur pour longtemps, et de changer tous les « plans de leur régie, car les cinq dernières années, mes « fermiers sont restés très en arrière malgré les grandes « remises que je leur ait faites ».

« De là vient que la plupart négligent de payer des à « comptes, dans la désespérance de pouvoir s'acquitter « entièrement. Ils arrachent même et consument tout ce « qui est déjà sur la terre, persuadés que ce n'est pas pour « eux qu'ils l'épargneraient. Il faudra donc aller au devant « d'un désordre qui augmente tous les jours et y remé- « dier. Le seul moyen de le faire, c'est de ne point affermer « à prix d'argent, mais de partager la récolte avec le fermier, « et de préposer quelques uns de mes gens pour avoir l'œil « sur la culture des terres, pour exiger ma part des fruits « et pour la conserver. D'ailleurs, il n'est aucun genre de « revenu plus juste que celui qui nous vient de la fertilité « de la terre, de la température de l'air, et de l'ordre des « saisons ».

Qu'est-ce donc que ce partage de la récolte, cette perception de la moitié des fruits, si non le métayage, dont Pline ne parle d'ailleurs pas comme d'une institution nouvelle? Il envisage le colonat comme un remède à une situation critique, et les raisons qu'il en donne sont aussi justes de notre temps encore, que sous le règne de Trajan.

L'exemple de Pline fut-il suivi par ses contemporains, et la renaissance du colonat partiaire fut-elle très vive ? Il est permis d'en douter ; elle ne fut certainement pas de longue durée, car le colonat partiaire fut bientôt absorbé par le colonat impératif.

Perdus dans ces vastes latifundia, resserrés entre leurs puissants voisins, les cultivateurs libres durent ou s'enfuir, ou rechercher la protection des grands ; de là l'origine de ce colonat que des auteurs ont appelé « impératif ». Un caractère essentiel le distingue en effet du colonat partiaire : le colon n'est pas libre, il est lié au sol par une clause « d'éternité » et sa condition oblige ses enfants. En échange de la protection, trop souvent illusoire, du grand propriétaire, le colon s'engageait à cultiver ses biens. Il était devenu partie intégrante du domaine, composé en quelque sorte de deux fractions, l'une inerte, la terre, l'autre active, le colon.

Cet assujettissement au sol avait néanmoins l'avantage de procurer au colon une sorte de co-propriété du sol ; elle motivait un partage des fruits, et ce lien perpétuel finit ainsi par créer des droits dont on dut tenir compte et dont l'importance s'accrût de plus en plus à l'approche de l'époque des affranchissements. Les colons ne suffirènt d'ailleurs pas à la culture des terres, les propriétaires durent leur adjoindre des esclaves, dont la condition devint identique à celle des colons, et qui peu à peu leur furent assimilés, en fait d'abord, et par la suite, même en droit.

Le colonat, qui avait en quelque sorte asservi des hommes libres, allait, par un juste retour, rapprocher des esclaves de l'affranchissement.

Le métayage en France

Le colonat s'imposa donc en Gaule, comme dans tout l'empire Romain, avec une grande rapidité surtout dans les contrées du midi, plus soumises à l'influence romaine que les pays du nord, et qui sont encore actuellement celles où domine le métayage.

A la chute de l'empire d'Occident, après la conquête de la Gaule par les Francs et les Visigoths, les Barbares chassèrent les armées romaines et les remplacèrent parmi les populations gauloises. Celles-ci n'avaient fait que changer de maîtres ; les nouveaux venus s'établirent chez les habitants et devinrent leurs hôtes, hôtes exigeants toute fois, qui demandèrent au laboureur une portion des récoltes et des fruits, et une partie des pâturages pour y faire paître leurs troupeaux.

Cet état de choses est la continuation du précédent, nous sommes toujours sous le règne du colonat, mais du colonat impératif : le colon n'est pas un homme libre.

Toutefois, au commencement du IXe siècle, nous trouvons un document qui constitue sans doute le plus ancien contrat de métayage qui nous soit parvenu. Le polyptique de l'abbé Irminon parle en effet d'une femme *libre* qui a reçu de l'abbaye de Saint-Germain-des-Prés une mense qu'elle doit cultiver à mi fruits.

Une mense comprenait maison et bâtiments d'exploitation, champs, prés et pâtures, c'était un domaine généralement peu étendu, qui plus tard s'appellera métairie. Le contrat qui nous intéresse a tous les caractères du métayage, ce n'est plus un colonat impératif; la femme à qui il est consenti est *libre*. Dans de nombreux actes de la même époque au contraire, que nous ont transmis polyptiques et cartulaires, nous trouvons assez fréquemment des tenances à moitié fruits, mais ces tenanciers ne sont pas libres. Haganon lègue à l'Abbaye de Saint-Martin de Tours son manoir « avec les hommes qui demeurent là », en les recommandant à la bienveillance des légataires. Ces colons n'étaient pas libres, il n'y a donc pas là un contrat de métayage, mais, d'après M. Rérolle, le polyptique de l'Abbaye de Saint-Remy de Reims contiendrait quelques exemples de contrats de métayage conclus entre le monastère et des *ingenui*, hommes libres (1).

Les textes toutefois sont rares en cette matière, il s'agit en effet d'une classe infime de la population ; les grands

(1) Rérolle. *Le métayage*, p. 172.

tenanciers traitant avec les humbles travailleurs du sol suivant des usages immémoriaux, il n'était pas nécessaire de constater par écrit, chose difficile alors, les engagements des parties. Nous trouvons souvent mention du métayage, mais rarement le détail de ses conditions.

Lorsqu'au XIIe siècle et jusqu'au XIVe, les affranchissements devinrent considérables, ils amenèrent une modification dans la condition des métayers. Ceux-ci en effet étaient liés à la terre, le seigneur en affranchissant ses serfs brisait également les liens qui les attachaient à leurs tenures, mais, ainsi que nous l'avons dit, cet attachement subi pendant tant d'années, avait fini par créer pour les serfs une sorte de copropriété dont l'affranchisement pouvait les dépouiller.

Le métayage emphytéotique vint corriger les effets de l'affranchissement, le maître ne put sans indemnité renvoyer sans raison son métayer, et la tenure resta héréditairement dans la famille — ce caractère héréditaire fut consacré dans nombre de communautés taisibles, associations de membres de la même famille, en général de frères, qui restaient unis pour assurer en commun la culture du domaine dont le père de famille était métayer, « vivant au « même pot, feu et chandelle » en bon accord jusqu'au jour où un évènement fortuit les obligeait à liquider leur association, liquidation d'autant plus longue et processive souvent, que la société avait plus longtemps duré.

Il importe de remarquer que le métayage ne fut pas nécessairement, ni même généralement, emphytéotique. Ce fut peut être le cas le plus fréquent, mais il existait néanmoins des métayages à terme, transformés peu à peu en métayages perpétuels par la transmission de père en fils d'un même domaine dans une même famille par tacite reconduction.

Ce métayage emphytéotique était la transposition en France du contrat romain d'emphytéose. Ce dernier était le mode d'amodiation ordinaire des biens des cités, des collèges de prêtres et de vestales ; il était consenti moyennant le paiement d'un vectigal, redevance annuelle en argent ou en nature. Bien qu'à l'origine, ce contrat ne se fut appliqué qu'à des terres non cultivées, que l'emphytéote s'engageait à mettre en culture, il a du, par une transformation toute naturelle, s'étendre aux biens cultivés.

Telle était la situation du métayage en France à la veille de la Révolution — c'était, soit un contrat véritablement perpétuel, et consacré comme tel par des titres, — soit un contrat temporaire, mais souvent indéfiniment renouvelé par tacite reconduction.

Le métayage régissait alors l'immense majorité des exploitations agricoles, non que le fermage à prix d'argent n'ait été déjà connu et usité, mais parce que ce fermage n'était, dans bien des cas, qu'un intermédiaire entre le propriétaire du sol, et celui qui le cultivait. Le fermier général donnait à métayage les domaines dont il rendait un fermage en argent. C'est à cet intermédiaire que nous devons faire en grande partie supporter les reproches trop fondés, adressés au métayage par les économistes du siècle dernier. Placé entre le propriétaire et le métayer, le fermier général vivait aux dépens des deux, faisant subir au propriétaire un escompte à gros intérêt sur le produit de ses terres, pressurant le métayer de façon à obtenir le maximum de recettes avec le minimum de dépenses. — Par la seule présence de ce fermier, la raison d'être du métayage disparaissait avec son principal avantage : l'association du travail et du capital dans un même effort.

Aussi les graves mécontentements suscités par le métayage ainsi transformé, se manifestèrent-ils violemment lors de la Révolution. Le bouleversement de la propriété et la prohibition des contrats perpétuels portèrent une grave atteinte au métayage. Mentionné à peine par deux articles du Code civil, son nom n'y est même pas prononcé, tant le législateur craignait d'évoquer ainsi le souvenir « des excès de l'ancien régime ».

Nous verrons plus loin, dans la seconde partie de cette étude, où nous examinerons le côté économique de la question, ce qu'est devenu le métayage au cours du XIXe siècle, et quelle est encore son importance actuelle.

PREMIÈRE PARTIE

ÉTUDE JURIDIQUE

CHAPITRE PREMIER

NATURE DU MÉTAYAGE

Quelle est la nature du métayage ? Les jurisconsultes sont loin d'être d'accord sur cette question, comme sur tant d'autres d'ailleurs.

La terminologie employée pour désigner tant le propriétaire du fonds que le tenancier, la position sociale si différente en général des parties, ont tout naturellement amené un grand nombre de personnes à ranger le métayage parmi les diverses sortes de *louage*.

Mais, d'autre part, ce partage des profits et des pertes, cette communauté étroite d'intérêts qui rapproche propriétaire et métayer dans la bonne et la mauvaise fortune, ont dans nombre d'esprits évoqué l'idée de *société*.

Ajoutons à ces deux théories l'opinion de ceux, gens critiques, pour qui le métayage est tout à la fois une société et un louage, tout en n'étant proprement ni l'un ni l'autre, mais un contrat *sui generis* — et nous arrivons au total de trois systèmes sur le point qui nous occupe.

Comme cette controverse divisait déjà les jurisconsultes romains, nous allons en tracer un bref historique, et passer ensuite à l'étude critique de chacune de ces trois théories.

SECTION I

HISTORIQUE DE LA CONTROVERSE

Gaïus, (L. 25 § 6. Loc. conducti XIX. 2), désigne sous le même mot de *colonus* le fermier à prix d'argent et le fermier à part de fruits. Après avoir étudié le risque dans le louage, il apporte une exception à la règle en faveur du colonat partiaire. Celui-ci n'est donc pour Gaïus qu'une variété du louage. Il y a bien sans doute une apparence de société, mais ce n'est qu'une apparence — « *quasi societatis jure* ».

Ulpien est, au contraire, d'un avis différent, et voulant citer un exemple de société, dit, « *veluti cum agrum politori* « *damus, in commune quærendis fructibus* ».

Le désaccord formel entre ces deux chefs d'école, et aussi cette considération, que ce sont là les deux seuls textes du *Digeste* relatifs au colonat partiaire, peuvent s'expliquer, dit M. Mommsen dans son Histoire du Droit Romain, par ce fait que le métayage était bien plutôt une question de fait, qu'une situation juridique, et qu'il ne résultait pas de principes donnés d'abord par la théorie.

Les commentateurs de la Renaissance se rangèrent à l'avis d'Ulpien, sans toutefois se prononcer d'une façon très hardie.

Ainsi, Fachin déclare que le métayage participe plutôt de la société que du louage. *Inter colonum partiarum locationis contractum proprie non esse sed potius societatis.*

De même, nous lisons dans Cujas. *Si quis colono agrum colendum det et partiantur fructus, non contrahitur locatio sed societas. nam locatio fit mercede, non partibus rei.* Toutefois le caractère du contrat défend de l'intention des parties. Si celles-ci ont entendu conclure un bail : *si contrahendæ locationis animus fuerit* on appliquera les règles du bail, sinon, il faudrait appliquer celles de la société.

Barthole dit de même « *societas dicitur cum colono partiario, sed locatio cum colono qui nummis colit.* »

Pour Donneau, le colon partiaire est non un locataire, mais un associé ; comme en cas de société, gains et pertes, il partage tout avec le maître du fonds.

Domat déclare cependant que le prix d'une location peut être *réglé en deniers comme celui d'une vente, ou en une certaine quantité de denrées ou en une portion des fruits.*

Guy Coquille, devançant une opinion qui s'est fait jour ongtemps après, et qui compte aujourd'hui de nombreux partisans, voit dans le métayage *un contrat non nommé, tout près approchant location.*

Pothier revient aux idées de Gaïus, dont il traduit le « quasi societatis jure » en disant que les baux de cette nature contiennent une *espèce de société.* Il reprend également l'idée de Domat en disant « que quelque fois aussi les héritages s'afferment pour une portion adéquate des fruits qui se recueillent, et que *ces sortes de baux se nomment des baux partiaires.*

Les divergences d'opinion de tous ces auteurs s'expliquent suivant qu'ils donnent ou non la préférence aux principes du droit romain ou au droit coutumier.

Les règles du métayage en droit coutumier avaient été établies d'après une situation de fait, et il est certain qu'à ce point de vue le métayage apparaissait comme une sorte de louage. — L'idée même de société entre seigneur et vilain n'aurait pu venir aux rédacteurs des coutumes.

En droit romain au contraire, on concevait difficilement un bail à portion de fruits. L'idée de bail était liée à celle de redevance fixe, en argent ou nature, sinon, on retombait dans un contrat inommé dont les affinités avec la société étaient certaines. De là à lui appliquer les règles de la société, il n'y avait qu'un pas.

Quel est actuellement l'état de la question ?

SECTION II

THÉORIES MODERNES

§ 1er — Le métayage est un louage

Ce système, soutenu par MM. Aubry et Rau, Duvergier, Colmet de Santerre, s'appuie sur l'opinion de Pothier et la tradition des coutumes. Les principaux arguments invoqués par ces auteurs sont les suivants.

1° Les vocables employés pour désigner les parties, *preneur*, *bailleur*, sont empruntés au louage : on dit couramment *bail* à métayage, *bail* à colonat partiaire.

2° Les articles 1763, 1764 et 1771, où le Code traite du métayage sont placés au titre du Louage, ce sont des exceptions qu'on a voulu placer à côté de la règle, règle commune au métayage et au fermage.

3° La loi du 22 frimaire an VII assimile le métayage au fermage et le soumet au droit proportionnel.

4° Enfin, lors de la discussion du titre du Louage devant le Tribunat, d'après Locré, le mot preneur aurait été substitué à celui de fermier pour pouvoir s'appliquer au métayage.

§ 2. — Le métayage est une société

Ce système, dont les principaux partisans sont MM. Duranton, Troplong, Méplain et Dalloz, se recommande des traditions du droit romain et du droit écrit.

La Cour de Limoges, dans un arrêt du 20 février 1839, s'est rangée à cet avis, en invoquant les traditions.

« Attendu, dit cet arrêt, que suivant les principes du droit romain, le bail à colonage était considéré comme un contrat de société.....

« Attendu que les docteurs interprètes de la loi romaine s'accordent tous pour reconnaître dans le bail à colonage les caractères du contrat de société et pour le distinguer du contrat de louage.....

« Attendu que cette doctrine du droit romain avait passé dans le droit français....

« Attendu que le Code civil ne contient aucune disposition qui ait dérogé à ces principes..... »

Cette opinion s'inspire des arguments suivants :

1° L'article 1832 définit la Societé « un contrat par lequel « deux ou plusieurs personnes conviennent de mettre « quelque chose en commun dans la vue de partager le bé- « néfice qui pourra en résulter ». Cette définition peut s'appliquer au métayage.

La définition du louage, donnée par l'article 1709, parle au contraire d'un « *certain* prix » expression qu'on peut mettre en opposition avec la quotité des fruits incertaine et indéterminée que le propriétaire retire du métayage, *nam locatio fit mercede, non partibus rei,* disait Cujas.

2° Comme dans la société, nous trouvons dans le métayage, l'*animus societatis*, un apport réciproque : travail et capital — un bénéfice à réaliser — et le partage de ce bénéfice. Protestant contre les réserves de quelques partisans de ce système. M. Méplain déclare que, dans ce contrat: « la société n'est pas un contrat tronqué, une quasi société « comme quelques-uns l'ont dit, mais un contrat complet, « une société régulière, parfaite, à laquelle il ne manque « aucun de ses attributs ».

3° Lorsque la récolte périt après la séparation d'avec le sol, mais avant le partage, elle périt pour le propriétaire et pour le métayer; ceux-ci en sont co-propriétaires, et conséquemment *res perit domino*. Or cette co-propriété ne peut naître que de l'association du maître et du tenancier.

§ 3. — Contrat spécial

D'après une troisième opinion, le métayage ne constitue ni un louage, ni une société, mais un *contrat spécial* (1).

La loi du 18 juillet 1889 a été inspirée par ce principe — que nous développerons d'ailleurs en présentant les objections soulevées par les deux systèmes que nous venons d'examiner. — Si nous arrivons en effet à établir que le métayage n'est ni un louage, ni une société, nous aurons par le fait même démontré qu'il constitue un contrat spécial.

I. — **Aux partisans du louage**, on peut objecter que leurs arguments sont loin d'être péremptoires.

1° Tout d'abord les mots bailleur et preneur, employés

(1) MARCADÉ, tome 6.

pour désigner le propriétaire et le colon partiaire, ne doivent pas être pris dans leur sens strictement juridique. C'est une habitude qui a consacré leur usage : le droit coutumier était, comme nous l'avons vu, favorable à l'idée de louage, s'inspirant ainsi plutôt de la situation de fait du métayage, que de la considération des rapports juridiques créés entre les parties.

Le Code, suivant en cela Pothier, s'est conformé à l'habitude prise. Il convient d'ailleurs, de faire observer que le métayage n'était presque pas réglementé par le Code, où il n'est visé qu'à deux articles. De même que dans le Digeste, nous n'avons trouvé que deux textes relatifs au métayage, de même le législateur français semble s'être désintéressé de cette institution ancienne, fonctionnant d'après des coutumes presqu'immuables et peu susceptible, vu la condition précaire des métayers, de donner naissance à des procès.

Il ne faut donc pas donner à cet argument une importance qu'il ne doit pas avoir, et admettre que l'emploi des mots preneur et bailleur est justifié plutôt par l'usage que par des considérations juridiques.

2° La même réponse peut être faite aux déductions qu'on a voulu tirer de la place occupée au titre du louage par les articles traitant du métayage.

3° Les partisans du louage ne tiennent pas un compte suffisant de plusieurs différences essentielles existant entre le louage et le colonat.

Le propriétaire conserve en effet sur la métairie des droits bien plus importants que ceux d'un bailleur ordinaire sur la chose louée. Il en conserve *la direction* et jouit donc de sa chose plus presque que le preneur, ce qui est en contradiction avec les principes du louage.

Le preneur n'a de plus, *aucun droit à indemnité*, même en cas de perte *totale* de la récolte.

Enfin, la différence la plus caractéristique réside dans le prix. D'après Méplain, le prix doit être une prestation fournie par le preneur au bailleur, or la part de fruits qui revient au propriétaire n'a pas ce caractère. Troplong dit que, dans le louage, le prix doit être payé par le fermier, tandis que dans le bail partiaire, le colon ne doit pas un prix, c'est le propriétaire qui prélève une part des fruits, non à titre de loyer, mais à titre d'accessoire de la terre qui lui appartient.

M. Rérolle a très fortement développé cet argument: d'après lui, il y a indivision entre le propriétaire et le métayer, jusqu'au moment du partage des fruits. Le propriétaire a sur ceux-ci un droit *réel*. Il n'y a pas *prix*, au sens juridique du mot, puisque le preneur n'a pas sur les fruits un droit exclusif de propriété : en donnant une part au propriétaire, il ne *paie* pas, il *partage*.

C'est là un argument qui nous semble suffisant pour faire rejeter la théorie du louage.

II. — **Aux partisans de la Société**, de sérieuses objections peuvent, d'autre part, être faites.

1° Tout d'abord, l'examen des textes est loin d'être aussi favorable à cette opinion que l'a prétendu la Cour d'appel de Limoges, dans son arrêt du 21 février 1839 ; Gaïus, en effet, a dit *quasi societatis jure*, le mot *quasi* a une importance qu'il ne faut pas oublier, il veut dire analogie, non confusion. De même Fachin : *potius societatis*, — *plutôt* et Voet répète la phrase de Gaïus : *quasi societatis jure.*

Donneau, Godefroy penchent au contraire en faveur du louage. — Ferrière parle de société contractée par bail.

Les jurisconsultes ne sont en tous cas, ni formels ni unanimes, ils ne *s'accordent pas* comme le disait la Cour de Limoges.

Cette même Cour, revenant sur sa décision du 21 février 1839, reconnut par un autre arrêt du 26 août 1848, que le métayage était un contrat spécial innommé.

Mais, à côté de cet argument historique, nous pouvons en présenter d'autres, plus sérieux, basés sur l'examen comparatif de la société et du métayage.

2° Quoi qu'en dise M. Méplain, le métayage ne renferme pas les éléments de la société.

a) Il est très contestable que dans le métayage existe l'*affectio societatis* indispensable à toute société. — Absolument inadmissible à Rome, entre le fier patricien et ses infimes clients — ainsi d'ailleurs qu'au moyen âge entre le puissant abbé ou le fier baron féodal et leurs humbles tenanciers — l'association du capital et du travail, encore que très belle et très humanitaire, n'est pas réalisée d'une manière assez nette dans le métayage contemporain, pour qu'on y puisse voir une société.

Sans doute M. de Garridel, président de la Société d'Agricuture de l'Allier, déclare que « pratiqué dans la

« région qui l'entoure, le métayage ne peut être considéré « que comme une véritable société, dans lequel le maître « apporte sa terre, son intelligence, son argent, et le colon « ses bras, c'est-à-dire son travail, sa main-d'œuvre et les « instruments nécessaires à la culture ».

Mais c'est là, il faut bien le dire, une conception un peu trop idéale du métayage. Sans doute il y a association — mais pas au point où le prétend M. de Garridel. Le propriétaire, bien qu'animé des idées les plus libérales, n'admettra pas toujours une discussion d'égal à égal avec un colon partiaire. Dans l'intérêt même de ce dernier, il s'armera du droit de direction que lui donne la loi pour vaincre des résistances qu'il attribuera au manque d'instruction et à la routine ; sans doute, il n'usera de son autorité qu'avec modération, et lorsqu'il aura épuisé tout moyen de convaincre et de persuader son métayer, mais nous ne nous en trouvons pas moins en présence d'une société bizarre où le métayer, *gérant*, doit exécuter la volonté du propriétaire, *commanditaire*.

b) Il manque encore au métayage un autre élément essentiel de la société, la *représentation des associés* les uns par les autres. Les contrats passés par le métayer ne lient pas le propriétaire, ni ceux passés par le propriétaire n'engagent le métayer. Un achat de bestiaux, par exemple, fait par l'un d'eux sans l'assentiment de l'autre, peut être refusé par celui-ci, qui n'est aucunement responsable du paiement du prix.

c) Enfin, dans une société, le partage des bénéfices s'opère *déduction faite des frais,* dont chaque associé supporte partie. Le Code prend des précautions contre les sociétés léonines ; il ne peut être convenu qu'un associé ne supportera pas les pertes, et cependant qu'observons-nous dans le métayage :

Le propriétaire a droit à la moitié des fruits et récoltes, le métayer garde l'autre moitié, à charge par lui de cultiver et de supporter les frais de culture. Sans doute, le propriétaire court les risques des intempéries, des maladies, etc., qui peuvent réduire à rien les produits de la ferme, mais le métayer n'en supporte pas moins seul les charges. Pendant les mauvaises années, on a pu voir des propriétaires retirer de l'exploitation à part de fruits un bénéfice, minime il est vrai, tandis que le métayer se trouvait en perte. On a prétendu sur ce point que le propriétaire contribuait aux pertes, et que, lorsque le métayer était en déficit sur son travail, le propriétaire l'était sur le revenu de sa terre, — qu'en effet, s'il l'avait donnée à ferme, il aurait gagné davantage et qu'à la vérité, sa situation était celle du commanditaire qui ne peut perdre plus que son apport. Mais il nous semble qu'on a confondu ici la perte avec le manque de bénéfice, et « lucrum cessans » avec « damnum emergens ». On conçoit difficilement qu'un commanditaire refuse de contribuer, dans la limite de son apport, aux pertes subies par la société, sous prétexte que son argent placé d'autre façon lui eut rapporté 5 0/0 et qu'il est déjà en perte de ce qu'il a manqué gagner.

§ 4. — Loi de 1889.

Nous en arrivons donc à cette conclusion que le métayage n'est ni un louage ni une société, tout en étant à la fois l'un et l'autre, car les deux théories ont dans leurs restrictions même des points communs un terrain d'entente :

D'ailleurs, a dit M. Million dans son rapport à la Chambre : « Il est assez inutile de s'arrêter à discuter cette pure ques- « tion de doctrine, de savoir si le contrat de culture à part « de fruits est un fermage ou une société, car ceux-là « même qui veulent voir un bail dans le contrat de « métayage, sont obligés de convenir que c'est un bail d'une « nature toute particulière, auquel ne s'appliquent pas toutes « les règles du bail, mais d'autres dispositions dérivant de « sa nature propre ; et que ceux qui pensent que c'est un « contrat de société sont amenés à concéder que cette société « ne ressemble pas aux autres et doit être régie par des « prescriptions spéciales. Définir la nature du colonage par- « tiaire est donc d'utilité secondaire — ce qu'il importe « avant tout, c'est d'établir une loi qui, combinée avec les « quelques dispositions déjà existantes du Code civil, se « suffise à elle-même ».

C'est en effet exactement là le but que se sont proposés les rédacteurs de la loi du 18 juillet 1889.

L'article 1er de cette loi définit ainsi le métayage.

« Le bail à colonat partiaire ou métayage, est le contrat « par lequel le possesseur d'un héritage rural le remet pour

« un certain temps à un preneur qui s'engage à le cultiver « sous condition d'en partager les produits avec le bailleur. »

Nous ferons remarquer tout d'abord que le terme *remet*, semble placer le métayage parmi les contrats *réels ;* c'est l'expression dont se sert le Code à propos du dépôt, du gage, du commodat ou prêt à usage, et du prêt de consommation. Ce sont là des contrats réels, qui se contractent par la *remise* de la chose, et entraînent pour l'accipiens l'obligation de restituer au tradens la chose déposée ou prêtée.

Ici au contraire, l'obligation principale du métayer n'est pas de *rendre* la métairie, mais bien de la *cultiver* et de donner au propriétaire la moitié des fruits. Cette obligation ne peut résulter de la remise de la métairie, mais bien de la convention des parties.

Si nous nous en tenions également aux termes de l'article 1er nous pourrions croire le métayage un contrat *unilatéral* : il ne parle pas d'obligation du bailleur ; l'article 3 le complète en obligeant le bailleur à la délivrance et à la garantie des objets compris au bail. Cet article 3 établit donc que le métayage est un contrat *synallagmatique.*

Ce même article 3 nous donne de plus la preuve que ce contrat n'est pas *réel,* mais bien consensuel en disant que le bailleur est tenu à la délivrance. Le bailleur est donc *tenu* par son contrat avant même la remise de la chose. Il est tenu en vertu des conventions passées avec le métayer.

Celui-ci peut donc bien forcer le propriétaire à lui remettre son domaine dans le cas où, après contrat conclu mais avant délivrance faite, le propriétaire trouverait des conditions meilleures, par exemple fermier pour un prix avantageux. Il ne peut plus retirer sa parole sans le consentement du métayer.

Le métayage est donc un contrat *synallagmatique* et *consensuel*.

La loi de 1889, nous l'avons vu, s'est refusée à se prononcer davantage.

Sans doute l'avis des rédacteurs du projet de loi était différent — ils avaient en effet proposé cette définition du métayage. « Le bail à colonat partiaire ou métayage est *le* « *louage* d'un héritage rural que le preneur s'engage à cul- « tiver à la condition d'en partager les produits avec le « propriétaire ».

Dans l'exposé des motifs il était ajouté : — que le projet de Code rural tranchait formellement la difficulté ; — qu'il prenait pour base de sa décision l'intention des parties qui ont entendu faire un contrat de *louage* et non un contrat de *société* ; — qu'il se déterminait par la pratique de tous les temps sans se laisser arrêter par des analogies très réelles mais dont ils ne fallait pas exagérer les conséquences.

M. Clément, rapporteur au Sénat en 1880, critiqua cette manière de voir, qui selon lui, ne mettait pas assez en lumière le caractère spécial du contrat et sa différence avec le louage, différence provenant de ce fait que le colonage partiaire participe à la fois du louage et de la société — « on ne peut nier ce caractère *mixte* du contrat en pré- « sentant aux Chambres une loi qui en fait la base de ses « prescriptions nouvelles ».

M. de Gavardie, lors de la deuxième délibération du projet de loi, proposa de définir le métayage « *l'association* « agricole ayant pour objets le partage des fruits d'un « héritage loué par le propriétaire au colon ou métayer.

M. Clément, tout en disant qu'il n'était pas en désaccord sur les principes avec M. de Gavardie, combattit l'amendement qu'il considérait comme inutile, — vu les mots *partage de fruits* contenus dans l'article 1er — et comme défectueux, car l'obligation pour le preneur de *cultiver* n'y figurait pas.

Néanmoins la commission nommée par la Chambre proposa la rédaction actuelle, comme rendant mieux les intentions du législateur qu' « un texte proposé pour affirmer que « le métayage est un louage, et adopté dans l'idée qu'il n'en « est pas un ».

Et M. Million affirmait de nouveau qu'il n'existait entre le ermage et le métayage d'autre d'assimilation « *que celle* « *qui résultait des articles déclarés communs aux deux* « *contrats* ».

Il résulte donc clairement de la discussion de la loi de 1889 et des travaux préparatoires que le législateur a bien considéré dans le métayage un *contrat spécial*. Il a entendu trancher ainsi les diverses difficultés que faisait naître la controverse.

Il a repoussé un amendement de M. de Gavardie ainsi conçu : « Les baux à colonage partiaire sont régis par « l'usage des lieux, et, pour les cas non prévus, par les « dispositions du Code civil relatives aux contrats de louage « et de société ».

C'était la porte ouverte aux interprétations fantaisistes et aux décisions juridiques contradictoires.

Aussi la loi détermine-t-elle *nommément* les articles du Code au titre de louage applicables en la matière (les art. 1774 et 1776 admis au Sénat furent supprimés à la Chambre) et ajoute-t-elle : « et pour le surplus par l'usage des lieux ». On ne peut exprimer plus clairement cette idée que le métayage est un contrat spécial.

Le législateur de 1899 a-t-il eu tort ? — Oui, nous répondent MM. Planiol et Guillouard.

« Quand le législateur, dit M. Planiol (V. *Revue critique*, « 1890 — p. 342) refuse d'appliquer à un contrat son « nom véritable, cela n'en change pas la nature et n'empê- « che pas ce contrat de continuer à le mériter ni les gens « de le lui donner. Il ne faut pas que le législateur se fasse « illusion sur sa puissance, il y a des choses qui ne dépen- « dent pas de lui, et la nature des actes juridiques est au- « dessus de ses atteintes, c'est la matière première : la forme « seule vient de lui ».

Deux phrases sont à remarquer : 1° *N'en change pas la nature* ; 2° *Ni les gens de la lui donner.*

Il y a là deux idées qu'il importe de ne pas confondre.

Par une habitude générale, qui a même conduit le législateur à donner au propriétaire et au métayer les noms ordinaires de preneur et de bailleur, les « gens » continueront sans doute à voir dans le métayage une variété du louage.

Mais ce n'est là qu'une opinion, et je ne pense pas qu'en

jurisprudence on admette l'adage *vox populi, vox Dei.*

Les esprits plus versés dans la science du droit, plus habitués à distinguer et à saisir le fonds des choses et non leur apparence, devront, au contraire, reconnaitre que le législateur n'a pas changé la nature du métayage. Il a simplement voulu mettre en lumière l'idée d'association, trop oubliée quoi qu'inconsciemment suivie.

Pour ce faire, il a pris des règles à deux contrats, louage et société — et pensant, à juste titre selon nous, que le nouveau contrat ainsi élaboré ne pouvait plus rentrer sous l'étiquette d'aucun de ceux dont il est dérivé, il en a fait un contrat spécial, — qu'y a-t-il là d'extraordinaire, et ce résultat dépase-t-il le pouvoir du législateur ?

En somme la loi de 1889 a mis fin à toute discussion sur la nature du louage. Les commentateurs n'ont qu'à s'incliner devant sa décision. — En cas de difficultés, pour des cas non prévus par les articles cités à la loi, celle-ci ne renvoie ni au louage ni à la société, mais aux règles générales des conventions, et à l'usage des lieux.

CHAPITRE II

CONDITIONS DE VALIDITE DU CONTRAT

SECTION I

CONSENTEMENT

Nous avons vu que, malgré l'expression « remet » de l'article 1er de la loi du 18 juillet 1889, le métayage est un contrat consensuel.

Il se forme donc par l'accord des parties, dont le consentement ne doit être vicié, ni par le dol, ni par la violence, ni par l'erreur, la lésion n'étant pas en la matière cause de nullité.

1° *Violence*, 2° *Dol*. Il semble presqu'inutile de prévoir ces vices du consentement d'un contrat de métayage : que penser en effet des soins qu'apporterait à sa culture un métayer dupé par son propriétaire, ou ne s'étant engagé que contraint et forcé. Le propriétaire ne serait-il pas sa propre dupe ?

3° *L'erreur* au contraire peut se produire et exister :

a) Sur l'objet. Elle doit être considérée comme rendant la convention *inexistante. Il n'y a pas eu accord.*

b) Sur la substance, et le contrat est alors annulable.

c) Sur la nature du contrat : par exemple fermage au lieu de métayage. Ici évidemment pas de contrat puisqu'il n'y a pas eu accord.

d) Sur la personne :

1° *Du preneur.* Il faut décider que l'erreur sur la personne du métayer commise par le propriétaire entraîne la nullité du contrat.

Il est certain, (et nous n'en voulons pour preuve que la défense de sous-louer sans autorisation faite au métayer par l'article 1763 du Code civil), que le propriétaire a traité avec le métayer *intuitu personæ;* son honnêteté, ses capacités, celles de sa famille ont amené le propriétaire à le choisir.

S'il y a eu erreur sur la personne du métayer il est donc universellement reconnu que le contrat se trouve vicié.

2° *Quid*, en cas d'erreur sur la personne du *bailleur* ?

Ici deux théories sont en présence.

Les premiers, qui ont pour eux l'appui des textes, prétendent que cette erreur n'est pas cause de nullité, que le métayer traite surtout en vue de la qualité de la terre, et qu'enfin l'article 6 de la loi de 1889, décide que la mort du bailleur ne met pas fin au contrat de métayage.

Tout en reconnaissant la valeur de cet argument, nous ferons remarquer avec M. Rérolle, que cette opinion ne tient guère compte de l'idée d'association contenue dans le métayage, et qu'il n'est guère raisonnable de refuser à un métayer le droit de demander la résiliation d'un contrat qu'il a, lui aussi, contracté *intuitu personæ*. Il lui a plu en effet de s'en rapporter à l'expérience d'un agriculteur éclairé et dont il suivra les conseils, il lui a convenu de reconnaître sur lui en quelque sorte l'autorité d'un propriétaire qu'il sait juste et bienveillant, mais il n'aurait pas traité avec tel autre dont il connaît le manque de connaissances agricoles ou le caractère difficultueux.

Nous admettrons en tous cas que, si l'erreur sur la personne du bailleur n'est pas *a priori* cause de nullité, le preneur aura le droit, en fournissant la preuve exigée par l'article 1110, § 2 du Code civil, de demander la résolution du contrat.

Ces considérations sur l'erreur ont d'ailleurs fort peu d'intérêt en cette matière. Elles seront en fait d'une application excessivement rare. Nous avons vu qu'une des raisons donnée à l'absence des textes sur le métayage était le peu de dificultés qu'engendre ce contrat. En pratique, en effet, les parties se connaîtront personnellement, aussi bien qu'elles connaîtront le domaine. Il est rare en effet qu'un propriétaire prenne pour métayer un étranger, tout au moins sans renseignements précis. Les deux parties traiteront le plus souvent en toute connaissance de cause.

Il est cependant un cas d'erreur plus particulier et plus intéressant aussi. C'est celui qui se présente lorsqu'un propriétaire fait sur le domaine concédé à métayage une réserve particulière, et que par suite du défaut de désignation ou autrement, il se produit une contestation entre le propritaire et le métayer qui prétend n'avoir pas eu connaissance de la clause de réserve.

Que décider en ce cas ? — Cette question, dit M. Méplain, est quelquefois délicate à trancher. Il s'agit en effet de rechercher l'intention des parties, recherche très délicate et que le juge devra le plus souvent trancher par l'application de l'article 1602 du Code civil. C'était en effet au propriétaire, qui connaissait mieux son domaine, à mieux définir sa réserve. Ainsi que pour le vendeur, nous dirons que l'obscurité ou l'ambiguité de sa clause de réserve devront s'interpréter contre lui.

Quand à l'erreur sur la quantité, il faudra appliquer les règles édictées par les articles 1617 et suivants du Code civil, mais seulement en ce qui concerne la faculté pour le preneur, de se désister du contrat. Il ne peut être, en effet, question d'un supplément ou d'une diminution de prix.

SECTION II

CAPACITÉ DES PARTIES

§ 1. — Qui peut donner à métayage

Le propriétaire n'engage pas le fonds, mais seulement la jouissance du fonds. Le bail à métayage intéresse donc les revenus seuls, il est acte d'administration.

Peuvent donc le consentir :

a) *Ceux qui ont la libre disposition de leurs biens* :

Propriétaires.

b) *Ceux qui sans avoir la disposition, ont l'administration de leurs biens* :

Mineur émancipé.

Prodigue.

Femme séparée de biens, ou à ce autorisée.

c) *Ceux qui ont la jouissauce ou l'administration des biens d'autrui* :

Usufruitier.

Envoyé en possession provisoire.

Mari de femme commune en biens.

Père et mère ayant jouissance légale.

Tuteurs (mineur ou interdit).

Administrateur provisoire d'un aliéné.

Héritier bénéficiaire.

Le fermier. Cas fréquent avec *des fermiers généraux*. *Quid*, si le bail contient défense de sous-louer ?

Nous croyons que cette défense ne s'applique pas au métayage. Le propriétaire, en effet, a fait établir cette défense pour se prémunir contre un sous-locataire inactif ou ignorant. Ici le fermier restera chef de culture puisqu'il dirigera le métayer. Les craintes que le propriétaire manifestent ne seront pas justifiées et sa défense ne s'applique pas.

Le co-propriétaire indivis. Ne peut le faire que s'il agit au mieux des intérêts commun en qualité de *negotiorum gestor*.

Le propriétaire ou héritier apparent. Mais il faut que les parties soient de bonne foi.

L'*acheteur à réméré* est propriétaire sous condition résolutoire, il a en effet l'administration du bien acheté à réméré. L'acquéreur dont le droit est résolu par revente sur folle enchère, ou non paiement du prix — le donataire de biens frappés de retour — etc., peuvent donner à métayage, mais les baux par eux consentis, doivent l'être sans fraude.

Quid, si bail consenti par : *femme mariée, interdit ou mineur ?*

D'après une opinion, le bail est nul, et la nullité peut être demandée par le mari ou le tuteur lors même que les conditions de location et de solvabilité sont bonnes.

D'après une autre opinion, cette solution ne doit s'appliquer que pour la femme mariée ou l'interdit.

Pour le mineur, au contraire, on appliquerait la formule romaine, « restitutus non tanquam minor sed tanquam læsus » et on ne prononcerait la nullité du bail que s'il lèse les intérêts du mineur.

Métayer. Nous avons vu que l'article 1763 Code civil interdit formellement, sauf clause contraire : au métayer de sous-louer ni céder son bail à un autre métayer. Nous avons vu la raison de cette prohibition.

L'*Usager*, (Article 631 Code civil) ne peut louer ni céder son droit à un tiers, et ne peut donc donner à métayage. Nous ne dirons pas que c'est parceque le métayage est une sorte de louage, mais parce que l'usage a un caractère de jouissance et d'exercice strictement personnels, qu'il perd par l'association d'un tiers avec son bénéficiaire.

Ne peuvent en outre donner à bail à métayage ceux que la loi oblige à affermer publiquement et aux enchères, c'est-à-dire : État, commune et établissements publics ; la raison de cette interdiction est facile à comprendre. Il serait difficile d'exercer une surveillance utile, et on ne pourrait affermer aux enchères.

§ 2. — Qui peut prendre à métayage.

Quel principe régit la capacité du preneur? D'après M. Rérolle, le preneur fait plus qu'un acte d'administration, il contracte une obligation personnelle.

M. Méplain lui-même dit : « l'obligation que contracte le « colon en s'associant, est une obligation de faire, qui le « soumet en cas de non exécution à des dommages-inté-« rêts. »

Il faudrait donc, pour prendre un domaine à métayage, être capable de s'obliger. Cette faculté serait donc refusée au mineur émancipé, au prodigue, à la femme mariée.

Il nous semble cependant, avec MM. Bouissou et Turlin, qu'en examinant plus attentivement la nature de l'engagement du preneur, nous sommes conduits à admettre une autre solution.

Sans doute, M. Méplain admet que le mineur émancipé, autorisé par une délibération du conseil de famille homologuée par le tribunal, peut valablement contracter un bail à métayage. Il peut, en effet, de cette façon, être autorisé à faire le commerce, c'est-à-dire être autorisé à s'engager dans les affaires d'une façon bien plus grave qu'il ne le sera dans l'agriculture.

Mais ce n'est pas suffisant, il faut reconnaître au mineur émancipé le droit de prendre à métayage sans l'accomplissement d'aucune formalité. En effet, il importe de ne pas oublier que le rôle du preneur n'est pas prédominant, que la direction donnée par le bailleur influera sur le résultat obtenu plus que le travail manuel du preneur, qui d'ailleurs, pour rude et pénible qu'il soit, ne demande pas de connaissances très étendues. Pourquoi donc exiger du preneur une capacité plus étendue que du bailleur? Et s'il suffit que celui-ci ait la capacité d'administrer, nous ne concevons guère qu'on puisse en exiger davantage du preneur.

Remarquons que cette discussion présente une utilité qui n'a rien d'hypothétique. Il n'y a rien d'extraordinaire à supposer qu'un métayer meure laissant plusieurs enfants, dont un fils aîné, âgé de 18 ans, déjà habitué par son père aux travaux des champs, et prêt à continuer sous la direction plus attentive du propriétaire la culture du métayage paternel. On voit tout de suite l'intérêt que présente la validité du contrat intervenu entre le propriétaire et le fils mineur, contrat qui permet à toute la famille d'éviter un exode ruineux.

Si nous admettons donc que le mineur émancipé a droit de prendre en métayage, il faut, bien qu'en pratique cette hypothèse soit presque irréalisable, accorder cette faculté au prodigue, muni d'un conseil judiciaire, puisqu'il conserve sa capacité, sauf pour les actes à lui défendus — et à la femme mariée séparée de biens qui a la libre administration de ses biens.

SECTION III

OBJET DU MÉTAYAGE.

La loi de 1889, a pris soin de définir cet objet par les mots, *héritage rural* et *partage de fruits*.

Bien qu'il ait eu controverse sur ce point, il nous semble qu'on ne peut voir là aucune ambiguité.

D'après une opinion, une mine, une carrière pourraient faire l'objet d'un contrat de métayage. Il y a là une interprétation par trop élastique de la loi de 1889.

Il faut en effet que l'héritage soit *rural*, *susceptible de culture*, et *frugifère* — Tout bien réunissant ces trois conditions peut être donné à métayage, sinon non. A quoi servirait alors au législateur d'avoir exprimé sa pensée en termes aussi précis ?

Un arrêt de la cour de Rennes de 1861 décidant le contraire au sujet d'un *moulin* ne se conçoit plus depuis la loi de 1889.

Nous appliquerons donc le métayage à toutes *terres labourables*, — *Vignes*, — *Prés*, qu'il faut entretenir, clore, étauper, etc. — *Bois*, mais pour le *pacage* seulement et la glandée au même titre que les prés. — *Champs d'oliviers* et *vergers*.

Quid, s'il s'agit d'un *étang ?* — Suivant Méplain, non, car le métayage ne peut s'appliquer aux héritages dont la jouissance se perçoit sans travail.

C'est là une observation fort inexacte qui nous permet de dire avec M. Guillouard que l'exploitation d'un étang demande des soins, qu'il faut en réparer les digues et vannes, faucarder les herbes, empoissonner, détruire les animaux nuisibles, surveiller les maraudeurs, finalement pêcher, et ce souvent à grand frais, « ensemble de soins suffisants pour « légitimer le partage du poisson entre le preneur et le « bailleur ».

Depuis la loi de 1889, M. Guillouard, vu les mots héritage rural, a modifié son opinion pour exclure l'étang des biens susceptibles de métayage, il n'y a pas lieu croyons-nous de tirer des mots héritage rural une conclusion que le mot ne comporte pas, le mot héritage rural pouvant parfaitement convenir à un étang.

Toutefois les droits de chasse et de pêche étant réservés (art. 5, § 2) au propriétaire, des étangs situés sur un domaine donné à métayage, ne seront compris dans le bail que sur clause formelle.

D'autres auteurs ont prétendu qu'il ne fallait pas restreindre l'autorité de la loi de 1889 aux cas que nous avons énumérés, que le colonat existait avant elle et s'appliquait à d'autres industries ; que la loi de 1889, faite au point de vue agricole, n'a pu porter atteinte à ces applications qu'elle ne visait pas.

Nous ne nions pas la possibilité de faire exploiter à moitié fruits soit une mine, soit une carrière ; la liberté des conventions n'a d'autre limites que celles de l'utilité publique et des bonnes mœurs. En vertu de cette liberté, cette exploitation à mi-fruits est possible, mais elle devra être réglée par les parties contractantes. Nous ne croyons pas qu'on puisse lui appliquer les dispositions de la loi de 1889, étant donnés les termes précis de l'article 1er qui la restreint aux héritages ruraux, susceptible de culture et frugifères. En cas de contestation, le juge devra donc rechercher l'intention des parties, et faire suivant les cas rentrer l'exploitation d'une mine à moitié fruits soit dans le louage de service payé par une quote part des produits, soit dans une association.

SECTION IV

CAUSE DU MÉTAYAGE

La cause du contrat de métayage est double, ainsi que celle de tout contrat synallagmatique.

Elle consiste, pour le métayer comme pour le propriétaire dans l'espoir de la moitié des fruits, que chacun retirera après le partage.

De plus, l'engagement de chaque partie a sa cause dans l'engagement réciproque de l'autre.

Le bailleur s'engage à faire jouir le preneur de l'héritage, et le preneur à le cultiver.

D'après l'article 2 de la loi, sauf stipulations contraires, le partage des fruits se fait par moitié. C'est la pratique générale, toutefois, en matière de vignobles, en Charente par exemple, le métayer touchera le tiers du vin seulement. De même en Bourbonnais, le propriétaire touchera un treizième de la récolte en plus, à charge par lui de payer l'impôt foncier.

Quelle est la nature des droits du propriétaire sur la part de fruits qui lui revient?

Si nous en croyons les partisans du louage, le propriétaire a sur eux les droits d'un créancier, il ne touche la moitié des fruits qu'en représentation de la jouissance du fonds qu'il laisse au métayer. C'est une sorte de fermage.

Pour nous, nous croyons une autre nature au droit du propriétaire. C'est, non un droit de créance, mais un droit de propriété indivise.

Le preneur ne contracte pas avec le bailleur l'obligation de donner la moitié des fruits, mais de *cultiver* sous réserve de partage des fruits. Le bailleur, et c'est là une observation très importante, ne doit au bailleur que *son travail*. Lors de la récolte, chacun partage sur le pied d'égalité et ne prend que ce qui lui appartient.

Nous n'avons donc pas besoin de considérer le propriétaire comme créancier à terme du métayer. Plus n'est besoin de supposer que, la maturité des fruits arrivée, le propriétaire devient, de créancier, propriétaire des fruits par indivis. Pour nous, il ne cesse pas d'être propriétaire des fruits, ce qui légitime d'ailleurs son intervention dans la direction de l'exploitation.

Le propriétaire touche donc des fruits naturels, et non plus des fruits civils comme dans le bail. Il les acquiert donc *par la perception* et non *jour par jour*.

Nous dirons donc que l'usufruitier d'un métayage n'a droit qu'aux fruits perçus, *pendente usufructu*.

La communauté usufruitière des biens propres des époux, loués à métayage, n'en acquiert également les fruits que par la perception, sauf récompense due ou à réclamer pour les impenses dont elle profitera ou dont profiteront les époux.

Indépendamment de la moitié des fruits, le propriétaire se réserve souvent dans son bail deux sortes de prestations.

1° *Les menues faisances*, (qu'on retrouve dans les polyptiques sous le nom de *pullos et ova*), consistent généralement en volailles, beurre, lait, œufs, etc..., servant à maintenir les bonnes relations de maître à métayer.

Aux menues faisances, viennent souvent s'ajouter des charrois à exécuter pour le propriétaire. Par exemple, l'obligation pour le métayer de conduire à son domicile sa part de récolte, ou de faire quelques journées de charrue dans sa réserve ou celle de ses gardes.

Toutes ces prestations sont en général très peu coûteuses

pour le métayer, tout en étant souvent pour le propriétaire d'une commodité très appréciable.

2° *La prestation ou impôt colonique* est une somme d'argent proportionnée à l'importance du domaine que le métayer doit payer chaque année à son propriétaire.

Quelle est la raison de cette prestation dont l'usage d'ailleurs n'est pas universel ?

Selon les uns, elle correspond aux profits que le métayer retire du jardin, du laitage, de l'élagage des arbres et des haies.

Ces avantages sont insuffisants pour motiver la prestation colonique. L'habitation du métayer sur place est un avantage commun au propriétaire et au métayer.

Suivant M. Méplain, la prestation colonique est en grande partie déterminée « par l'écart qui existe entre l'effort du « travail exigé par les différents domaines pour produire « une même somme de valeur ». C'est en effet, le droit pour le propriétaire de ne pas payer trop cher le travail qu'il emploie. On conçoit en effet que dans certains pays particulièrement riches, dans des terres privilégiées, l'effort exigé du métayer pour produire de grosses récoltes soit hors de comparaison avec le bénéfice qu'il retire de la moitié de ces récoltes. Le propriétaire aurait gros intérêt dans ce cas à recourir au fermage, il préfère équilibrer le travail du métayer et son salaire par une prestation colonique sagement établie.

Plusieurs reproches ont été faits à cette prestation.

a) Le premier est d'être payable même en cas de mauvaises récoltes.

Ce reproche pour nous n'est guère sérieux, cette prestation n'étant en général que d'importance relative et calculée sur la durée *totale* du bail, en tenant compte des bonnes et des mauvaises années : c'est une moyenne.

b) On lui a reproché également d'être un obstacle aux améliorations, car le domaine devenant plus prospère, la prestation pourrait s'élever.

On peut dire de cette critique qu'elle n'est sérieuse qu'en apparence. La prestation s'accroîtrait-elle, que le métayer aurait encore avantage à faire prospérer le domaine, la prestation ne pouvant croître dans la même proportion que le bénéfice.

D'autre part cette prestation, fixée dans le bail ne peut-être élevée par le seul gré du propriétaire, et avant le terme du bail.

Enfin, disons qu'en pratique ce ne sont pas les métayers qui font ces améliorations, elles sont en général l'œuvre du propriétaire qui reconstruit des bâtiments, installe des laiteries, achète des instruments et des machines qui resteront sa propriété, mais dont le métayer jouit, dont il tire profit. Ces améliorations viennent encore justifier le droit du propriétaire à cette prestation colonique.

Nous trouvons dans certains pays deux autres sortes de prestations en argent exigées du tenancier à moitié fruits.

a) Au lieu des menues faisances souvent mal acquittées — ou même en plus d'elles, lorsqu'elles sont de peu d'importance, — le propriétaire demandera au métayer de lui payer un *droit de cour* fixe, moyennant lequel la vente et les profits des volailles de la ferme appartiendront au seul métayer.

La raison de cette redevance est qu'à ce point de vue la fraude est facile, vu son peu d'importance, et que le propriétaire ne peut surveiller le nombre de ses volailles, ni se faire rendre compte de leur vente. Le paiement de son droit de cour simplifie sur ce point les rapports des parties.

b) Cette même raison, crainte de la fraude, a conduit certains propriétaires (Yonne) à adopter un régime mixte entre le fermage et le métayage.

Le caractère principal du contrat est bien le métayage, la culture à moitié fruits, mais la récolte des céréales seule est partagée à moitié.

Moyennant l'acquit d'un droit fixe, le métayer profitera seul du bénéfice à retirer du restant de l'exploitation, principalement de l'élévage du bétail.

La raison qui a conduit à adopter ce mode d'exploitation, est la même que pour le droit de cour. Il est souvent difficile au propriétaire, éloigné, de surveiller toute l'année les étables, les écuries, les bergeries de son métayer ; il peut tout ou moins craindre d'être trompé sur le prix de vente, sinon sur la quantité des bêtes vendues.

La récolte, au contraire, ne précède le battage que de fort peu de temps dans ces pays. Le battage ne dure que quelques jours, pendant lesquels le propriétaire ou son représentant peuvent rester sur les lieux, assister au battage du grain, et s'en faire remettre la moitié sous leurs yeux.

Ce mode d'exploitation ne se conçoit guère que dans le cas de métairies un peu éloignées de la résidence du propriétaire, dont la surveillance est difficile, et dans ce cas rend d'appréciables services.

CHAPITRE III

FORME, PREUVE ET DURÉE DU CONTRAT

SECTION I

FORME

Le contrat de métayage peut être :

1. Soit verbal.
2. Soit passé sous seings privés.
3. Soit passé sous forme authentique.

Remarquons, ainsi que nous l'avons dit, que le métayage est contrat *consensuel*, parfait par l'accord des volontés et que tout écrit n'intervient qu'à *titre* de preuve.

Les partisans de la société peuvent voir là une exception aux dispositions de l'article 1834, d'après lequel tout contrat de société dont l'objet dépasse 150 francs, doit être rédigé par écrit.

Un écrit sera toutefois obligatoire lorsque le bail à métayage sera conclu, pour une durée de dix-huit ans ou plus. La loi du 23 mars 1855 exige, en effet, la transcription des baux de plus de 18 ans, pour les rendre opposables aux tiers; la formalité de la transcription exige donc la rédaction d'un acte soit authentique, soit sous-seing privé.

On sait que, en vertu de la même loi, toute quittance ou cession de plus de trois ans de loyer d'avance doit également être transcrite. A supposer qu'un métayer paye à son propriétaire quatre années d'avance, la quittance devra-t-elle être transcrite ?

Les partisans du louage nous répondent, oui, sans hésitation ; ceux de la societé répondent au contraire que la la transcription est de droit étroit, constituant une exception et que la prestation colonique n'a pas été visée à la loi de 1855, qu'on ne peut donc raisonner ici par voix d'analogie.

Tout en reconnaissant la valeur de cet argument, nous ajouterons qu'on se trouvera très rarement en présence d'une quittance de prestation colonique — quatre ans d'avance — Nous verrons qu'indépendemment du grand nombre de baux annuels, ou prolongés par tacite reconduction, la grande majorité des autres est de trois, six ou neuf ans, ce qui rendra bien invraisemblable l'hypothèse énoncée.

Disons toutefois qu'en l'état, et la jurisprudence ne s'étant pas prononcée, les parties agissent prudemment en faisant transcrire.

§ 1er. — Baux écrits.

Nous avons vu qu'ils peuvent être authentiques, ou sous-seings privés.

Nous n'insisterons pas sur les avantages du bail authentique.

1° Il ne peut être attaqué que par la procédure de l'inscription de faux.

2° Il fait foi de sa date *erga omnes.*

3° Il peut conférer un droit d'hypothèque pour sûreté et garantie d'une des parties.

4° La formule exécutoire dont est revêtu l'acte authentique permet de poursuivre directement par voie de saisie-exécution le débiteur d'une créance certaine, liquide, exigible.

L'acte sous seings privés est néanmoins très répandu ; sans présenter les garanties du bail notarié, l'enregistrement lui donne cependant date certaine, et cette forme de bail n'entraîne pas les frais considérables du bail notarié. Le colon en effet les paie généralement, et l'on conçoit qu'il les supporte malaisement.

Les auteurs ont souvent protesté (Méplain) contre cette manière de faire. Les partisans de la société y voient une violation des règles de ce contrat ; les partisans du louage déclarent au contraire la chose toute naturelle.

La loi de 1889 ne renvoie à ce sujet à aucun article du Code, nous suivrons donc la règle d'interprétation que nous avons adoptée, c'est-à-dire qu'à défaut de stipulation contraire l'usage des lieux devra prévaloir.

Le métayer supportera donc les frais du contrat dans la plupart des pays.

Dans une partie du midi de la France (Basses-Alpes,

Ardèche, Arriège, Bouches-du-Rhône, Drôme, Gers, Isère, Landes, Loire, Lot-et-Garonne, Basses-Pyrénées, Hautes-Pyrénées, Tarn-et-Garonne, Vendée, Haute-Vienne), les frais seront supportés par moitié.

Dans les Alpes-Maritimes, le Var, la Dordogne, les frais sont d'habitude à la charge du propriétaire.

Dans tous les cas, le bail, soit authentique soit sous-seings privés, a un résultat général, c'est de prouver tant l'existence, que les conditions du contrat conclu par les parties.

Ce sont là autant de sources de difficultés en cas de bail non écrit.

§ 2. — Baux non écrit.

Dans ce cas, plusieurs hypothèses peuvent se présenter. La contestation peut porter :

Soit sur l'existence du contrat ;

Soit sur des conditions du contrat :

Comment dans ce cas doit être administrée la preuve ?

SECTION II

PREUVE

§ 1er. — Existence.

S'il s'agit de démontrer l'existence du contrat, deux théories sont en opposition, comme nous avons souvent eu à le remarquer.

Les partisans du louage appliquent au métayage les règles des articles 1715 et 1716, qui constituent une exception au droit commun et disposent que, même au cas d'un bail d'une valeur moindre de 150 francs, on ne pourra pas recourir à la preuve testimoniale.

Les partisans de la société au contraire, vu l'article 1834, réclament pour l'administration de la preuve du contrat de métayage les règles du droit commun.

Nous avons admis que le métayage constitue un contrat spécial : à quel opinion allons nous nous ranger ?

Notre règle invariable d'interprétation de la loi de 1889, est de recourir aux principes généraux des obligations, dans tous les cas où nous ne trouvons pas un texte formel ou un renvoi aux articles du Code.

L'article 13 de la loi renvoie à l'article 1718, voisin des articles 1715 et 1716 dont s'agit, il est donc inadmissible de supposer une omission de ces deux articles. D'accord en cela avec M. Guillouard, M. Rérolle et MM. Bouissou et Turlin, nous en déduisons que l'on ne peut étendre au contrat de métayage les dispositions des articles 1715 et 1716, exceptionnelles et particulières au louage.

Nous reconnaissons toute fois que la jurisprudence paraît pencher en faveur de l'opinion contraire. Un arrêt de la Cour d'Alger du 1er juin 1891, confirmé par arrêt de Cassation du 28 juin 1892, décide qu'il y a lieu d'appliquer en notre matière les dispositions de l'article 1715 et 1716. Il s'agissait d'ailleurs d'un bail antérieur à 1889; mais le 7 février 1875, la Cour d'Alger rendait un nouvel arrêt dans le même sens, sur lequel la Cour de cassation n'a pas eu à statuer.

Les motifs de cet arrêt sont d'ailleurs les mêmes que ceux invoqués par les partisans du louage.

1° Ces articles n'ont pas été mentionnés parce qu'ils parlent du *prix* du bail qui n'existe pas dans le métayage, mais ils ont une utilité vis-à-vis de la durée du bail.

2° L'article 1736, énuméré à l'article 13, de la loi de 1889, démontre que cette loi n'a pas voulu modifier la preuve du colonat partiaire.

A celà nous répondons :

1° Qu'une pure hypothèse ne peut contre balancer le poids d'un fait matériel : l'exclusion des articles 1715 et 1716 de l'article 13 de la loi de 1889.

2° Que l'article 1736 a été mentionné pour donner plus de poids à l'exclusion des articles 1774 et 1775.

La raison la plus forte selon nous à donner à l'appui de cette thèse, n'est pas une question d'interprétation. Il faut reconnaître que les mêmes motifs qui ont fait édicter les articles 1715 et 1616, militent en faveur de la thèse adoptée par la Cour d'Alger. Il s'agit en effet de couper à la racine une foule de petits procès souvent ruineux et de prémunir les fermiers contre les pertes auxquelles peut les entraîner leur caractère souvent processif.

Le serment peut seulement être déféré à celui qui nie le bail.

Il est permis de regretter que le législateur de 1889 n'ait pas cru devoir ajouter les articles 1715 et 1716 à l'énumération contenue en l'article 13, mais en l'état, nous ne pensons pas qu'il soit permis de suppléer à cet oubli sans tomber dans une largeur vraiment excessive d'interprétation.

Une remarque intéressante vient d'ailleurs corroborer notre opinion, et légitimer la recevabilité de la preuve testimoniale en matière de métayage.

Il est un cas formel où la loi de 1889 la prévoit. A l'article 11, au sujet des règlements de compte annuels, le juge statue sur le vu du registre des parties — il peut même admettre la preuve testimoniale, s'il le juge convenable. Sur ce point particulier, la loi de 1889 innovait de toutes pièces et a dû mentionner la recevabilité de la preuve testimoniale; elle ne s'est pas expliquée sur la généralité des cas parce qu'elle nous renvoyait au droit commun.

En tous cas l'article 15 prouve une tendance à adopter dans le Code rural les dispositions du Code de Commerce très libéral en matière de preuve.

Résumons en deux mots cette discussion. Nous pensons (d'accord avec de nombreux auteurs : Dalloz, Rérolle, Guillouard, Batardi) que la preuve du métayage est soumise au droit commun.

La Cour d'Alger au contraire admet en cette matière les dispositions exceptionnelles des articles 1715 et 1716.

Ces conclusions nous permettent de trancher en peu de mots diverses questions se rattachant à cette controverse.

1° *Lorsqu'il y a eu commencement d'exécution.*

a) Ce peut être le commencement d'exécution qui est nié — dans ce cas, c'est le *bail lui-même* — d'après la doctrine de la Cour d'Alger, l'article 1715 est applicable.

D'après nous, la preuve testimoniale est admissible au-dessous de 150 francs.

b) Ce sont les conditions du bail.

D'après l'article 1716, il faut recourir au serment du propriétaire ou à l'expertise. Cet article est applicable selon la Cour d'Alger, pas selon notre doctrine.

2° *Il y a commencement de preuve par écrit.*

Ce commencement rend la preuve testimoniale admissible au-dessus de 150 francs — mais :

Comment déterminer le *quantum* de ces 150 francs ?

D'après Aubry et Rau la valeur d'un bail n'est pas déterminée par la valeur des objets loués, mais par la valeur *du prix* du bail. En matière de métayage bien qu'il n'y eût pas *de prix*, la moitié des récoltes et produits, est, par une analogie toute naturelle, la base d'après laquelle doit être calculé le *quantum*. Cette moitié pourra se calculer en appliquant les dispositions de l'article 3 de la loi de 1838, relative à la compétence du juge de paix.

Le revenu du domaine se déterminera en multipliant par 5 le principal de la contribution foncière. La *moitié* sera la valeur *du bail*.

De plus il faut additionner les revenus si le contrat a été conclu pour plusieurs années.

On voit donc combien il sera rare de pouvoir invoquer la preuve testimoniale en notre matière. L'intérêt de la discussion est beaucoup plus théorique que pratique.

Nous avons examiné la contestation portant sur l'existence du bail. Elle peut en outre porter :

§ 2. — Sur la durée.

Nous avons vu qu'il faut rejeter l'application en notre matière des articles 1715 et 1716. Les mêmes motifs nous font rejeter l'article 1774.

L'article 1736, mentionné à l'article 13, n'a pas, quoi qu'on en dise, trait à notre hypothèse ; il règle la durée du bail *non écrit*, dont *la durée n'a pas été fixée.*

Nous supposons ici au contraire que la durée a été fixée, mais qu'une des parties le nie, l'autre veut en faire la preuve.

Il faut selon nous, admettre la solution donnée par M. Laurent et s'en rapporter au droit commun :

Preuve testimoniale, s'il s'agit de moins de 150 francs.

Preuve testimoniale, s'il s'agit de plus de 150 francs, et qu'il y ait commencement de preuves par écrit.

§ 3. — Sur les conditions du contrat.

En général, il ne s'agira pas d'une discussion sur le quantum du partage des fruits.

L'article 2 prescrit le partage par moitié, sauf stipulation ou usage contraire.

Il faudrait supposer qu'une des parties demandât, en cas de non fixation du taux du partage, à faire la preuve de la stipulation ou de l'usage contraire. On doit en ce cas suivre le droit commun.

Le litige portera plutôt sur la prestation colonique ou les menues faisances.

Nous avons déjà vu quels principes nous ont conduits à rejeter l'application de l'article 1716 et à admettre le droit commun.

L'article 1162 s'appliquera donc, les conventions s'interprêtant en faveur du débiteur ; nous devrons notamment décider, au cas de prestation colonique non expressément stipulée au bail, que le bailleur ne pourra l'exiger du preneur, cette prestation n'étant pas de l'essence du contrat.

Il est un cas tout particulier où les partisans du louage eux-mêmes admettent la preuve testimoniale. C'est le cas prévu à l'article 1346, § 4. Le créancier qui a perdu son titre par cas fortuit ou force majeure est autorisé à faire la preuve testimoniale.

SECTION III

DURÉE DES BAUX

La volonté des parties peut se donner libre carrière au sujet de la durée du bail.

Une seule limite lui est imposée. On ne peut conclure de baux à métairie perpétuels.

Avant la loi de 1889, les interprètes discutaient sur les textes contenant cette prohibition.

Les partisans du louage, proposaient l'article 1709, disant que toute location ne peut être faite que pour un certain temps.

Ceux qui voient dans le métayage une société, appliquaient la règle *nulla societatis in æternum coitio est.* (Articles 1844 et 1869 Code civil.)

Ceux enfin qui le considèrent comme un contrat innommé, s'appuyaient, comme d'ailleurs les partisans du louage, sur l'article 1er de la loi du 18 décembre 1790.

« Il est défendu de ne plus à l'avenir créer aucune rede-
« vance foncière non remboursable, sans préjudice des baux
« à rente, des emphytéoses et baux non perpétuels, qui se-
« ront exécutés pour toute leur durée et pourront être faits
« à l'avenir pour 99 ans et au-dessous, ainsi que les baux
« à vie, même sur plusieurs têtes, à la charge qu'elles
« n'excéderont pas le nombre de trois ».

Tout le monde, bien que pour des raisons différentes, était unanime sur l'interdiction formelle des baux à métayage perpétuels.

Actuellement il n'y a plus d'hésitation possible. L'article 1er de la loi de 1889 a confirmé cette décision unanime, par les mots, « pour un certain temps » ce qui écarte formellement toute hypothèse de bail perpétuel, et indique l'intention du législateur, constatée d'ailleurs par

M. Million rapporteur à la Chambre du projet de loi, de ne pas déroger à la loi du 18 décembre 1790.

Que peuvent valoir sous le régime actuel les baux à maitairie perpétuels contractés sous l'ancien régime?

La Cour de cassation a eu deux doctrines à ce sujet.

Dans un arrêt du 2 mars 1835, elle supposait que le bail à métairie perpétuel créait un déplacement de la propriété en faveur du preneur, qui, moyennant le rachat de sa redevevance, pouvait devenir seul et exclusif propriétaire.

Dans un autre arrêt du 11 août 1840, la Cour reconnut que tout bail perpétuel n'était pas translatif de propriété, que dans ces conditions le preneur n'avait qu'un droit de créance, et que les baux à métairie perpétuels conclus avant la loi de 1790 devaient produire effet pendant 99 ans à dater de la promulgation de cette loi. C'est dire qu'actuellement tous ces baux sont à terme depuis une dizaine d'années.

D'ailleurs il ne semble pas que les propriétaires tiennent à profiter du long terme accordé par cette loi de 1790.

Les baux de métayage sont en général assez courts. Il résulte, en effet, de l'enquête faite en 1879 par M. le comte de Tourdonnet, que, dans deux seuls départements, la Charente-Inférieure et l'Indre, nous voyons mentionner des beaux de quinze ans. Encore est-il probable qu'ils ont dû être des baux à périodes triennales.

Ceux-ci en effet sont les plus employés pour trois, six ou neuf ans, nous les trouvons un peu en usage partout, concurremment avec des baux de deux ans, et souvent des baux d'un an.

Ç'a été une critique longtemps adressée au métayage que la soi-disant incertitude créée au métayer par ces baux de courte durée, le métayer ne devait-il pas craindre en faisant des améliorations de travailler pour son successeur ?

Cette objection, exacte en théorie, a cependant été réfutée par la pratique. L'Angleterre, en effet, où existent les baux at will, résiliables tous les six mois à la volonté réciproque, les fermiers ne sont pas dans une instabilité perpétuelle. En France l'enquête de 1879 a révélé des situations de métayers en place depuis quarante, cinquante ans et plus, non seulement par baux annuels mais par tacite reconduction.

Il semble même que ce bail annuel est un avantage pour le propriétaire, c'est en quelque sorte une période d'essai, assez longue pour permettre de juger le métayer, assez courte pour ne pas souffrir d'un choix malheureux ; de plus le métayer, s'il est content de sa situation, travaillera plus assidûment pour rester en place.

Il nous semble que néanmoins les critiques faites au bail annuel ne sont pas sans portée. Le bail à périodes triennales de trois, six ou neuf ans offre, en plus des avantages du bail annuel, celui d'une situation nette et plus stable ; il permet au métayer de ne pas rester dans une situation précaire. Un bail en règle ne nuit en rien au bon accord des parties, si parfait qu'il soit, et peut servir à rappeler des devoirs et des obligations qu'on est parfois tenté d'oublier.

Nous ne pensons pas être contredit en affirmant que le bail de trois, six ou neuf ans est la seule forme sous laquelle il soit possible d'implanter le métayage dans un pays où il n'est pas de coutume, et où un usage immémorial n'impose pas aux parties des règles universellement suivies.

Les époques d'entrée en jouissance varient elles-mêmes avec les pays (1).

Dans les uns, le changement a lieu au printemps, le métayer entrant faisant les foins, le métayer sortant enlevant sa récolte sur pied, ce qui permet au nouveau métayer de faire ses blés de bonne heure.

Dans les autres, c'est en automne que s'opère le changement de métayer ; celui qui sort laissant les terres à semer, ce qui évite tout conflit, mais cause parfois un retard préjudiciable aux travaux du métayer entrant.

(1) Creuse, 1er-25 mars. — Indre, 23 avril 24 juin. — Aveyron, 1er mai 12 septembre. — Nièvre, 16 mai. — Gironde, 15 août (vendanges). — Lot, 20 septembre (Saint-Michel). — Lot-et-Garonne, id. — Var, id. — Vienne, id. — Côtes-du-Nord, id. — Haute-vienne, Toussaint. — Tarn, id. — Maine-et-Loire, id. — Isère, id. — Mayenne, id. — Cher, id. — Charente, id. — Aude, id. — Ain, 11 novembre. — Allier, id. — Jura, id. — Saône-et-Loire, id. — Landes, id.

I. — OBLIGATION DES PARTIES

Les effets du contrat de métayage peuvent être déterminés par la convention même, qui forme alors la loi des parties. Mais il peut s'être glissé dans ces conventions des oublis, des ambiguités, ou des erreurs.

Comment interpréter ces points de détail ?

1° Il faudra chercher, soit dans le Code, soit dans la loi de 1889, si ces points ne sont pas réglés.

Ils peuvent l'être *explicitement*, et dans ce cas, il n'y a pas de difficultés.

Mais ils peuvent l'être *implicitement*, il peut se faire en effet que des articles du Code ne figurent pas à la loi de 1889 et que, contrairement à notre règle d'interprétation, on soit conduit à les appliquer au métayage, mais à deux conditions seulement.

1) Que ces articles soient de la nature même du contrat, car ils se confondent alors avec le droit commun.

2) Que le législateur, tout au moins dans les travaux préparatoires, ait eu l'intention de les appliquer à notre contrat.

Le Code nous fournit donc des règles générales d'interpretation des conventions.

1° En droit romain, dans notre ancien droit, et actuellement en matière de vente, d'après l'article 1602, tout pacte obscur s'interprète contre le bailleur, au pouvoir de qui il était de « *legem apertius conscribere* ».

Bien que figurant au titre de la vente, cet article à été étendu au louage pour le même motif, et par suite au métayage par les partisans du louage.

MM. Duvergier et Guillouard ont critiqué cette extension. Dans un contrat synallagmatique, disent-ils, les conditions des parties doivent être égales. L'article 1602 fait la condition meilleure pour l'acheteur ou pour le preneur, mais en réalité, rien ne le force à acheter ou à louer. L'article 1162 fournit, selon eux, une règle d'interprétation meilleure en prescrivant que dans le doute la convention s'interprétera en faveur du débiteur. Les clauses du bail, en cas d'obscurité, devraient donc s'interpréter en faveur tantôt du bailleur, tantôt du preneur, suivant que l'un ou l'autre est constitué débiteur par la clause à interpréter.

2° Les articles 1135 et 1160 combinés, donnent une autre règle d'interprétation.

D'après l'article 1135 « Les conventions obligent non « seulement à ce qui est exprimé, mais encore à toutes les « suites que l'*équité*, l'*usage* ou la *loi* donnent à l'obliga- « tion d'après sa nature. »

L'article 1160 décide que : « on doit suppléer dans le

« contrat toutes les clauses qui y sont d'usage quoiqu'elles « n'y soient pas exprimées. »

Nous avons dit : les articles 1135 et 1160 combinés. Il est facile de voir en effet à quels écarts on serait conduit en considérant isolément l'article 1160.

En pays où la prestation colonique est en honneur, et où les servines sont lourdes, on serait conduit à reconnaître au propriétaire le droit de les exiger même si le bail ne les mentionnait pas. Il faut donc restreindre ces exigeances aux conditions qui sont de la nature du contrat. Exemple : obligation de cultiver en père de famille. Ces obligations sont essentielles au contrat, l'usage ne les crée pas, mais il en détermine l'étendue et les détails d'exécution.

Il importe de ne pas donner en la matière une importance excessive à l'usage.

La discussion de la loi de 1889 l'a prouvé par le rejet de l'amendement proposé par M. de Gavardie. « Les baux à colonage partiaire sont régis par l'usage des lieux et pour les cas non prévus par les dispositions du Code ».

L'article 13 de cette même loi dit au contraire, que ces baux seront régis pour le *surplus* (c'est-à-dire pour les cas non prévus par les articles énumérés), par l'usage des lieux.

L'usage en effet, est souvent chose variable et peu précise. Or, pour avoir force de loi l'usage doit être constant et reconnu.

La partie à laquelle on l'oppose peut le nier, c'est alors

à celui qui l'invoque à faire tant par titre que par témoins la preuve de cet usage.

Quoiqu'il en soit, l'usage en notre matière ne pourra être invoqué qu'à défaut de la loi, et, sauf dans deux cas visés aux articles 2 et 3 de la loi de 1889, jamais contre la loi.

CHAPITRE IV

OBLIGATIONS DU BAILLEUR

L'article 3 de la loi de 1889 est ainsi conçu. « Le bailleur « est tenu à la délivrance et à la garantie des objets compris « au bail. Il doit faire aux bâtiments toutes les réparations « qui peuvent devenir nécessaires. Toutefois les réparations « locatives ou de menu entretien qui ne sont occasionnées ni « par la vétusté ni par force majeure demeurent, à moins de « stipulations ou d'usages contraires, à la charge du colon ».

On saisit à première vue l'analogie de cet article avec l'article 1719, dont la rédaction plus précise et plus complète énumère les obligations du bailleur.

Tous les auteurs, même les partisans de la société, reconnaissent que l'article 1719 s'applique au métayage.

D'ailleurs les partisans du louage ne peuvent en tirer argument, les dispositions de l'article 1719, étant de l'*essence* du contrat de métayage, et en quelque sorte *résumées* à l'article 3 de la loi de 1889.

On est d'ailleurs obligé de se conformer à ses dispositions pour satisfaire à la prescription de l'article 1134, § 3. « Les conventions doivent être exécutées de bonne foi ».

Conformément à l'article 1719, le propriétaire est donc tenu vis-à-vis de son métayer.

1° De délivrer le domaine au terme convenu.

2° D'y faire les réparations nécessaires.

3° De faire jouir paisiblement le métayer.

SECTION I

OBLIGATIONS PRINCIPALES

§ 1 — Délivrance de la chose

Cette délivrance doit être faite, *complètement*, c'est-à-dire avec tous les accessoires que comporte la chose, et *au terme* convenu.

Remarquons que, si le bailleur ne repond pas du trouble de fait qui se produit pendant le bail, il doit néanmoins faire cesser tout trouble même de fait, qui s'opposerait à la mise en possession du métayer ; ce trouble en effet rendrait la délivrance nulle ; elle serait considérée comme n'ayant pas eu lieu.

Quid, en cas de non délivrance ?

Le métayer peut, ou exiger sa mise en possession, ou demander la résiliation. Il peut en outre demander des intérêts, lesquels seront plus élevés au cas de mauvaise foi du propriétaire.

Si toutefois la non délivrance provenait d'un cas fortuit ou de force majeure, la résiliation seule pourrait être demandée.

Une autre question se pose aussi en cas de défaut de contenance indiquée au bail.

Les articles 1617 à 1623 ne trouvent évidemment pas leurs applications ici, puisqu'ils supposent un *prix* ; c'est l'opinion universellement admise.

Néanmoins, si l'on considère la prestation colonique comme devant proportionner le bénéfice réalisé à l'effort accompli, on devrait admettre que le colon puisse en demander la diminution proportionnelle.

Le colon a d'ailleurs une ressource en cas de défaut de contenance grave. Il a droit de prouver que s'il en avait eu connaissance il n'aurait pas traité, le domaine ne pouvant subvenir à ses besoins ; il invoquerait donc l'erreur, et demanderait l'annulation de son contrat. Ce cas est très rare en pratique, le métayer ne traitant guère qu'après avoir étudié et visité le domaine.

On a prétendu en outre que, conformément à l'article 12 de la loi de 1889, le métayer pourra exercer cette action en résiliation pendant cinq ans, — comme toute action née du métayage — et non pendant un an à dater du jour du contrat conformément à l'article 1622.

En quel état la chose doit elle être délivrée ?

L'article 1720 prescrit au bailleur à ferme de délivrer la chose en bon état de réparations de toute espèce.

Même après la rédaction d'un état de lieux, le propriétaire n'est déchargé de son obligation que par une clause formelle. En est-il de même au cas de métayage ?

Les articles 1730 et 1731, auxquels renvoie la loi de 1889 décident que :

S'il y a eu état de lieux, le preneur devra rendre la chose en l'état, sauf dégradations de vétusté, ou de force majeure.

S'il n'y pas eu état de lieux, le preneur est censé avoir pris les lieux en bon état de réparations locatives et doit les rendre tels sauf la preuve contraire.

Le métayer ne peut donc exiger la mise en état. Le maître a droit de lui délivrer la chose en l'état où elle se trouve, à charge de faire établir un état de lieux.

Cet état, dressé par experts en général, et signé des parties doit être fait double ; il sera en général payé par moitié, sauf stipulation contraire. Nous pensons qu'il doit en être ainsi : l'état de lieux étant fait dans l'intérêt des deux parties.

§ 2. — Réparations

L'article 3 de la loi de 1889, dit « *faire aux bâtiments les réparations nécessaires* », c'est ce qu'exprime explicitement l'article 1719, « entretenir la chose en état de servir pour l'usage pour lequel elle a été louée ».

On peut donc, avec MM. Bouissou et Turlin, étendre le mot bâtiment et diviser les choses susceptibles de réparations en :

I° *Bâtiments d'habitation.* — Le baillenr doit les tenir clos et couverts. — *Quid* dans un cas de réparation durant plus de quarante jours ? L'article 1724, édicté pour les baux de maisons, ne semble pas devoir s'appliquer, mais il nous semble que, faute par le bailleur de loger son métayer, celui-ci peut demander à résilier.

II° *Bâtiments d'exploitation.* — Réparation des planchers et couvertures, portes et fenêtres au cas de vétusté.

III° *Héritages ruraux.* — L'entretien des haies, rigoles et petits fossés profitant à la récolte peut être considéré comme frais de culture, et est à la charge du métayer.

Mais le drainage, le redressement des cours d'eau etc., sont à la charge du propriétaire, comme constituant des améliorations durables et de grande importance. L'appréciation et la qualification des réparations, sont une question de fait livrée à l'appréciation du tribunal.

Il en est de même d'ailleurs de la perte partielle et de la grosse réparation. Ces deux cas sont souvent difficiles à distinguer, et leur distinction a d'autant plus d'intérêt que le propriétaire doit faire la grosse réparation ; il n'est, au contraire, pas tenu de reconstruire en cas de perte partielle, le preneur a seulement le droit de résilier.

Quelle est la sanction de cette obligation d'entretien ?

C'est une obligation de faire qui se résoud, en cas de non exécution, par des dommages-intérêts.

Ces dommages-intérêts sont-ils encourus de plein droit ? Oui d'après une opinion, car il y a faute du bailleur à ne pas remplir son engagement. Cette faute le met en demeure, et les dommages-intérêts courent de plein droit.

La Cour de cassation, dans un arrêt du 11 janvier 1892, à rompu avec cette doctrine. Elle décide que le propriétaire doit être mis en demeure régulièrement. C'est au preneur à attirer son attention sur des réparations dont il est le premier à connaître la nécessité et dont il a besoin. A défaut d'arguments juridiques, des considérations de fait sont suffisantes pour justifier cette solution, le preneur étant le premier intéressé à faire faire en temps utile les réparations, on peut dire qu'il était répréhensible de ne pas les avoir signalées.

En cas de refus du propriétaire, le preneur peut-il y faire procéder et les répéter ensuite. Nous ne croyons pas le procédé très prudent, il nous semble tout indiqué d'avoir recours à la procédure du référé.

§ 3. — Jouissance du preneur

Le bailleur s'acquitte de son obligation de faire jouir paisiblement le preneur, en lui donnant la garantie :

1, Des vices et défauts cachés ;

2. De son fait personnel ;

3. Des troubles apportés par les tiers.

1° *Vices cachés.* —Découlant directement de l'article 1634, la garantie des vices cachés est encore une application de l'article 1721 ; d'après lequel le bailleur doit garantie au preneur de tous vices et défauts de la chose louée, même si le bailleur lui-même ne les connaissait pas au moment du bail.

Cette garantie trouvera principalement son application au cas où il se présenterait dans les prairies des herbes vénéneuses, ou dans les bâtiments quelque vice de construction ayant occasionné un incendie et causé la perte du mobilier personnel du colon.

Celui-ci ferait également appel à la garantie au cas où les animaux du cheptel fourni par le propriétaire seraient atteints d'un vice rhédibitoire qu'ils auraient communiqué aux bestiaux fournis par le preneur. Cette hypothèse se réaliserait facilement au cas de morve communiquée par les chevaux de bailleur à ceux du preneur qui devraient être abattus pour raison sanitaire, mais le preneur aurait droit de réclamer au bailleur des dommages-intérêts.

Mentionnons, à titre de curiosité, des arrêts rendus autrefois par le parlement de Bordeaux, et accordant des indemnités à des métayers à cause d'apparitions nocturnes dans les métairies.

MM. Bouissou et Turlin ont également posé la question de responsabilité du bailleur en cas de communication aux personnes de maladies contagieuses par suite de germes infectant les lieux loués. Ces auteurs concluent à juste titre selon nous à la responsabilité du propriétaire.

Reconnue en cas de perte de bestiaux, il serait étrange de nier cette responsabilité, s'il y a mort d'homme.

On pourra sans doute objecter qu'il y a plutôt faute du colon sortant, lequel, connaissant la maladie qui a sévi sur le domaine, n'a pas pris soin de désinfecter les lieux qu'il quittait.

Il y a selon nous faute beaucoup plus grave de la part du bailleur, à qui incombe la direction, et que la loi suppose plus éclairé et moins esclave de la routine. C'est lui qui devait exiger du colon sortant ces soins de désinfection peu coûteux et cependant souvent suffisants, lessivage des parquets, blanchissage au lait de chaux, fumigations de souffre.

Le colon, victime d'une maladie contagieuse contractée dans des lieux à lui livrés sans précautions sanitaires, alors que des cas de cette maladie s'y sont produits antérieurement, peut donc exiger de son bailleur une indemnité, quitte à celui-ci à appeler en garantie le colon sortant. Les parties ont toute latitude d'ailleurs pour modifier les conditions de cette garantie et la restreindre même au dol du propriétaire.

Il est également de jurisprudence que la garantie n'est due que des vices *cachés*, c'est-à-dire que le bailleur en est déchargé si les vices sont de telle nature que le colon a dû les remarquer, vices apparents ou défauts notoires.

De même que le bailleur doit au preneur la jouissance continue, de même il doit garantie continue, c'est-à-dire des vices même survenus depuis la mise en possession. Nous savons qu'en matière de vente il en est différemment.

2° *Fait personnel.*

Le bailleur doit s'abstenir de tout fait personnel susceptible d'entraver la culture du colon. Exemple : faire pâturer ses bestiaux sur les terres du domaine, gâter ses récoltes en y chassant, cueillir les fruits du domaine, etc...

Mais le métayer ne pourra-t-il pas considérer comme fait illicite du propriétaire, l'exercice de son droit de direction ? Une modification projetée par le bailleur aux assolements peut paraître au métayer contraire à ses intérêts. Il peut refuser de transformer un champ en pré, ou un pré en champ.

Comment accorder avec le droit de direction du propriétaire les intérêts du métayer ?

M. Méplain estime à juste titre que toute modification de nature à augmenter les profits du domaine doit être autorisée. Le métayer n'a aucune raison de s'y opposer puisqu'il y trouve profit.

En cas de conflit, les tribunaux ont tout pouvoir d'appréciation pour trancher le différent.

3° *Troubles.*

Distinguons le trouble de *droit* et le trouble de *fait*.

Fait. — Celui-ci, consiste en délits ou quasi-délits commis par des tiers qui ne se prévalent d'aucun droit sur la chose, mais causent un préjudice au colon.

Le bailleur ne doit pas au colon garantie de ces troubles. Le colon a contre leurs auteurs une action directe, soit correctionnelle en cas de délit, sans préjudice de dommages-intérêts, soit civile au cas de quasi-délits, en vertu de l'article 1382.

Le colon ne peut agir que pour sa part, mais nous verrons qu'il a l'obligation d'avertir le bailleur du préjudice à lui causé.

Droit. — Ce trouble est causé par la prétention d'un tiers d'avoir un droit sur la chose louée. Il constitue l'éviction.

Le métayer, cité en justice par un tiers se prétendant un droit personnel sur le fonds, doit, *in limine litis*, mettre en son lieu et place son propriétaire.

S'il ne le fait pas, il peut être déclaré responsable des frais inutiles fait par lui sans aucun recours.

Il peut rester partie au procès en appelant le propriétaire en garantie.

Si celui-ci perd son procès, le métayer évincé peut demander des dommages-intérêts et la résiliation du bail si l'éviction est importante.

Il doit avoir, par application des articles 1726 et 1727, dénoncé le trouble au bailleur, car en cas de perte du procès il serait privé de recours contre lui.

Il faut toutefois reconnaître au métayer le droit, dans ce dernier cas, à une indemnité s'il prouve que, même averti à temps, le bailleur aurait perdu son procès.

Si le métayer vient en conflit avec un autre métayer se prétendant des titres antérieurs, il aura le droit d'agir directement contre ledit métayer, car ils sont tous deux représentants du bailleur. Il peut en outre demander au bailleur des dommages-intérêts si cette dépossession lui porte préjudice, (article 1382).

Quid, en cas d'expropriation? (Loi du 3 mai 1841) dans la huitaine du jugement d'expropriation, le propriétaire doit notifier à l'administration les noms du fermier, locataire, métayer, à qui il peut être dû des indemnités. Faute par le propriétaire de faire cette dénonciation, il devient personnellement responsable des indemnité dues à ses locataires.

SECTION II

OBLIGATIONS ACCESSOIRES

§ 1. — Paiement de l'impôt foncier.

Faute de désignation au bail, d'après M. Méplain et les partisans de la Société, l'impôt foncier, charge de la Société, doit être payé par moitié par chacun des deux associés.

A cela on répond que l'impôt foncier frappe non la jouissance, mais la propriété, qu'il n'est pas payé par le fermier, sauf stipulation contraire, qu'il ne doit donc pas à plus forte raison l'être par le métayer; en principe le propriétaire paiera seul l'impôt foncier.

Cette règle, conformément à l'article 2 de la loi du 18 juillet 1889, ne sera toutefois suivie que s'il n'y a stipulation ou usage contraire.

Il résulte de l'enquête faite par M. de Tourdonnet que

dans le midi de la France, Corrèze, Creuse, Dordogne, le colon paye sa moité. En Mayenne et en Vendée il paiera le tout.

§ 2. — Contribution aux frais de culture

Nous avons vu qu'une des objections faites aux partisans de la Société était l'inégalité des charges imposées au bailleur et au preneur, celui-ci supportant la totalité des frais de culture, qui constituent son apport.

Mais il importe de s'entendre sur le sens exact des mots frais de culture. Il faut entendre par ceux-ci, les frais réguliers, permanents, que le métayer s'est engagé à faire sur le fonds. Exemple, main d'œuvre, travaux d'entretien.

Il est des cas, où le maître devra cependant contribuer à l'exploitation.

Nous en considérerons deux principalement.

1° *Achat de fumiers et engrais.*

Le propriétaire doit en payer la moitié.

Il y a là en effet un supplément de culture dont les deux parties profiteront sans doute, mais dont la terre, elle-même, bénéficiera à l'avenir. Il y aurait véritablement injustice à faire supporter au colon seul une dépense dont chaque partie profite également, on peut même dire dont le propriétaire profite plus que le colon.

Celui-ci, en effet, cultivant en bon père de famille, peut produire dans la ferme le fumier nécessaire à la culture ordinaire du pays. Si le propriétaire et le colon, dans un louable désir d'amélioration, conviennent d'ajouter à cette fumure naturelle des engrais achetés à l'extérieur, il est juste que chacun en paie la moitié.

N'y a-t-il pas là d'ailleurs une analogie frappante avec l'obligation pour les parties de fournir les semences par moitié ?

2° *Achat de pailles et fourrages.*

Ces achats sont fréquents au cours d'un bail. Les meules de paille ou de fourrages sont très exposées à des incendies dont elles sont la proie facile. Nous avons d'autre part, en 1893 notamment, traversé une époque de sécheresse exceptionnelle, qui a contraint les cultivateurs à des achats de fourrages de toute nature à des prix très onéreux.

MM. Bouissou et Turlin ont longuement exposé la question, p. 151. Nous distinguerons avec eux trois systèmes, que nous étudierons rapidement.

1° D'après *M. Réjaud*, le propriétaire seul doit supporter les frais de cet achat.

Les pailles et fourrages sont immeubles par destination, ils disparaissent par cas fortuit, le propriétaire devant procurer la jouissance au métayer, doit lui procurer ces pailles et fourrages.

Outre que cette théorie soit d'une criante injustice vis-à-vis du bailleur, encore même qu'elle range la sécheresse parmi les cas de force majeure, opinion plus que contestable, la solution de M. Réjaud repose uniquement sur la fiction des immeubles par destination. Or la fiction ne peut tenir contre la réalité des faits.

L'article 9 de la loi de 1889 met la perte des pailles et fourrages à la charge des deux parties par moitié.

2° *M. Guillouard* met au contraire cette perte à la charge du colon seul, comme s'étant engagé à supporter seul tous les frais de culture. Nous avons dit plus haut ce qu'il convient d'entendre par cette expression. De plus, voyons à quel résultat nous conduit cette solution.

Le métayer remplace seul les pailles, le propriétaire ne supporte donc pas sa moitié de la perte : résultat opposé aux dispositions de l'article 1771 du Code civil.

3° Nous conclurons donc, en toute équité d'ailleurs, comme nous l'avons fait pour les achats d'engrais, en mettant les achats de pailles et fourrages à la charge des deux parties par moitié, d'ailleurs il convient de remarquer que chaque partie ne peut être poursuivie que pour cette moitié, il est de règle en effet que la solidarité ne se présume pas, le tiers devra donc réclamer au métayer et au propriétaire la moitié de la somme due.

§ 3. — Représentation du propriétaire par le métayer.

Cette question peut se rattacher en effet à une obligation accessoire du propriétaire. Celui-ci est-il obligé par les contrats, les quasi-délits et délits venant du fait de son métayer. ?

Nous avons déjà vu que les contrats passés par l'une des parties seule n'engagent pas l'autre.

Il en est de même des délits. Nous ne rangerons pas le métayer parmi les préposés du maître dont celui-ci est responsable civilement (article 1384). Le métayer n'est pas un *domestique*. Il y a entre ces deux personnalités une différence considérable.

Le domestique, dans les actes de la culture, n'est censé agir que pour son maître, et sur l'ordre de celui-ci.

Le métayer a, au contraire, dans l'exploitation un intérêt spécial et une initiative qui n'a rien d'incompatible avec le droit de direction dévolu au propriétaire.

Nous trouvons d'ailleurs la confirmation de notre opinion dans un jugement du Tribunal de Sancerre du 22 avril 1885, confirmé par la Cour de Bourges le 30 novembre 1885, écartant complètement toute idée de représentation du propriétaire par le métayer, et par suite de responsabilité civile.

Ni l'article 1384, relatif aux « domestiques et préposés », ni l'article 1385, ne sont applicables au propriétaire de métairie.

« La qualité de métayer, dit ce jugement, n'implique en rien celle de préposé, et en est même exclusive ».

L'article 1385, d'autre part, « n'impose de responsabilité au propriétaire de l'animal, nullement en sa qualité de propriétaire, mais parce que, en tant que propriétaire, il en a la détention, l'usage et la garde », Si donc, en conservant la propriété de l'animal, cause du dommage, le propriétaire en a transmis au métayer la détention, l'usage et la garde, il doit être déchargé de toute responsabilité.

D'ailleurs, avant les jugements et l'arrêt précités, à l'occasion de blessures causées à un tiers par un cheval d'une métairie, un jugement du Tribunal civil de Villefranche avait déclaré le propriétaire et le métayer solidairement responsables. La Cour de Toulouse a fait une plus juste application du principe et infirmé ce jugement par arrêt du 5 avril 1865.

Un jugement du Tribunal de Montluçon, du 7 juin 1885 a néanmoins été rendu contre cette jurisprudence et a reconnu la responsabilité encourue par le propriétaire par un quasi-délit de son métayer. Cette solution a été vivement critiquée et ne semble pas avoir trouvé d'écho dans la jurisprudence.

CHAPITRE V

OBLIGATIONS DU MÉTAYER

Elles peuvent se rattacher à quatre idées :

Exploitation.

Entretien.

Prestation.

Restitution.

SECTION I

EXPLOITATION

Le colon doit :

1° *Habiter la métairie.*

L'article 4 § 3 de la loi 1889 prescrit formellement cette obligation, qu'il nous semble inutile de justifier. C'est la meilleure garantie donnée au propriétaire de l'exécution par le métayer des obligations de culture personnelle et régulière que nous étudierons tout à l'heure. L'article 4 de la loi de 1889 se complète d'ailleurs de l'article 1767 qui oblige le preneur d'un héritage rural à engranger dans les lieux.

2° *Garnir les lieux des bestiaux et instruments que la convention ou l'usage mettent à sa charge.*

C'est en effet la conséquence des dispositions de l'article 1766 du Code civil, déclaré applicable à notre matière par la loi de 1889.

Cette obligation recevra en pratique des exécutions très diverses. Son étendue est en effet généralement réglée par l'usage, et souvent le preneur ne pourra apporter dans le domaine que des bestiaux et instruments de peu de valeur. Le propriétaire lui-même préférera quelquefois mettre entre les mains de son métayer des instruments perfectionnés et un cheptel en bon état.

C'est au propriétaire dans ce cas à stimuler le zèle de son métayer et à ne pas lui consentir des avances exagérées.

Cette obligation de garnir les lieux est évidemment moins étendue qu'au cas de fermage, le métayer n'ayant pas de loyer à payer, mais seulement, en général, des avances à rembourser.

3° *Cultiver lui-même.*

Nous avons vu que le métayage était contracté *intuitu personæ*, et que l'article 1763 du Code civil avait conservé ce principe en interdisant au métayer le droit de sous-location, sauf convention contraire expresse.

C'est là un des arguments que nous ont produit les partisans du métayage constitutif de Société, et c'est en tout cas un des points de contact entre les deux contrats.

Mais cette exception doit être entendue dans son sens strict. Nous devons reconnaître au métayer le droit de s'adjoindre des aides, payés à la tâche ou à part de fruits. Le propriétaire n'a pas à craindre que le colon en fasse abus. Nous savons en effet, que le propriétaire ne contribuera pas à ces frais de culture, et qu'en aucun cas, il ne sera responsable du paiement du salaire de ces ouvriers. Mais il faudrait, par stricte application de l'article 1763, refuser au métayer le droit de *s'associer* avec un tiers au sens propre du mot. Il peut, s'il lui convient, payer des aides à part de fruits, mais ces aides ne doivent être vis-à-vis de lui que de simples préposés, ils ne participent pas à l'initiative laissée par le propriétaire au métayer.

Si ce dernier s'associait véritablement et pleinement un tiers, le propriétaire pourrait valablement invoquer contre cette cession de bail déguisée les dispositions de l'article 1764.

Aux termes de cet article, le propriétaire a le droit de rentrer en jouissance, sans préjudice de dommages-intérêts encourus par le métayer.

Cet article a reçu diverses interprétations.

D'après MM. Aubry et Rau, si la contravention à l'article 1763 est certaine, et si le bailleur demande la résiliation du bail, les juges sont forcés de la prononcer.

Avec MM. Rérolle et Guillouard, nous croyons que cette solution si sévère est excessive.

L'article 1764 renferme une disposition exceptionnelle, mais ne déroge pas expressément à l'article 1184, qui règle l'exécution des obligations synallagmatiques, et ils convient, selon nous, de reconnaître en cette matière aux tribunaux le pouvoir d'appréciation qu'ils ont en toute autre.

On peut donc admettre que, si après la demande formée, mais avant tout préjudice causé, le colon offre de reprendre la culture, les tribunaux ont le droit de maintenir le bail. C'est la solution admise par MM. Troplong et Sirey.

4° *Cultiver en bon père de famille.*

C'est-à-dire, en cette matière où l'usage joue un rôle considérable, apporter à sa culture les soins des bons cultivateurs des environs. On comprendra que nous n'insistions pas sur les multiples détails de cette obligation. C'est une question d'agriculture pratique.

Muni de son droit de direction, le propriétaire devra d'ailleurs en surveiller l'exécution. C'est à lui qu'il appartient de voir si toutes les choses sont faites comme elles doivent l'être, et quand elles doivent l'être, il convient même d'applaudir à la latitude qu'ont donné à ces règles les législateurs de 1889. En cette matière, d'aspects si divers, toute règle d'exécution trop précise aurait été contre quelque usage local.

La règle générale est suffisante pour permettre au propriétaire de venir à bout de la mauvaise volonté, ou de la paresse de son métayer.

5° *Ne pas abandonner la culture.*

Cette obligation découle également de l'article 1766 du Code civil. Elle est même en cette matière plus stricte qu'en cas de fermage. Ici le propriétaire touche ses loyers et n'a guère à craindre que l'appauvissement de sa terre par suite d'une trop longue incurie.

En cas de métayage au contraire, tout relâchement de travail du métayer se repercute au détriment du propriétaire.

Nous n'envisageons pas, bien entendu, l'abandon complet de culture. L'article 1766 vient au secours du propriétaire, et ordonne en ce cas la résiliation du bail. Mais cet abandon ne peut-être partiel.

Le métayer peut s'employer, avec les animaux du domaine, à des travaux extérieurs payés à la journée, ou à la tâche. Il frustre ainsi de façon flagrante les intérêts du propriétaire. Les animaux ne travaillent en ce cas que pour le colon seul ; leur fatigue est sans profit pour le domaine, partant pour le propriétaire. Le métayer, touchant seul un salaire important, tend ainsi à se faire journalier, presque entrepreneur de transports. C'est une habitude contre laquelle protestait M. de Garridel, dans le rapport de M. de Tourdonnet, et qu'il désignait comme la cause du mauvais état de culture d'un grand nombre de métayages, principalement en pays forestier.

D'ailleurs les propriétaires ont grand intérêt à exercer sur ce point une surveillance sévère, et le meilleur préservatif contre cet abus est la stipulation d'une indemnité sérieuse pour chaque contravention commise.

Il convient en outre de faire observer qu'un accident survenu aux animaux du domaine ainsi employés, en cas de charrois par exemple, rend le colon responsable vis-à-vis du propriétaire.

Il est bien entendu également que nous ne nous élevons pas, au contraire, contre une habitude existant en bien des pays, lors du battage des récoltes à la machine. Cette opération exigeant beaucoup de bras, il est tout naturel que les métayers s'aident entre voisins, on peut dire qu'il y a ici autorisation tacite du propriétaire et celui-ci serait mal venu à prostester contre cet usage.

6° *Ne pas détourner la chose de son usage.*

Cette obligation résulte à la fois de l'obligation de cultiver en bon père de famille et du droit de direction dévolu au propriétaire. Cette dernière considération nous dispense d'insister davantage sur cette obligation du métayer et sa sanction.

SECTION II

ENTRETIEN

1° *Réparations.*

La question de savoir à qui incombe la charge des réparations, ne peut se poser que pour les réparations locatives. Les grosses réparations sont à la charge du propriétaire, sauf son recours contre le métayer, si ces grosses réparations proviennent de la faute de ce dernier.

A qui incombent les réparations locatives ou de menu entretien ? La discussion a perdu actuellement tout intérêt, l'article 3 de la loi de 1889, met en effet à la charge du

colon les réparations locatives occasionnées ni par vétusté ni par force majeure à moins d'usage ou de stipulation contraire. C'est, adaptée à notre matière, la règle de l'article 1754 relative aux réparations locatives en matière de louage.

Cet article 3 de la loi de 1889 a mis fin à une longue discussion et règle définitivement une question qui, dans la pratique, avait reçu des solutions contradictoires.

Les uns, partisans du louage, appliquaient sans hésiter l'article 1754 au métayage ; nous voyons que l'article 3 précité s'est rangé à cette solution.

Les autres, partisans comme nous d'ailleurs du contrat innommé, se refusaient à tort à appliquer cet article 1754 en la matière. M. Rérolle insiste sur ce point, selon lui l'article 1754 est une exception au principe fondamental que la preuve incombe au demandeur ; il faut donc le prendre *stricto sensu*. Le métayage étant distinct du louage il ne s'y applique pas.

En droit, ce raisonnement nous semble pécher par une interprétation inexacte de l'article 1754 — C'est au débiteur d'un corps certain à prouver que les dégradations de ce corps certain ne viennent pas de sa faute, sinon son paiement ne vaut rien.

Il y a là, faute contractuelle, qui se présume.

L'article 1754 vise seulement cette théorie générale qui ne se confond pas avec celle de la faute délictuelle.

Nous avons vu, à propos de la délivrance du domaine que, à la différence du fermier, le métayer ne peut exiger la mise en état du domaine, mais qu'au cas de refus par le propriétaire d'y procéder, le métayer peut faire dresser un état de lieux et doit rendre les lieux en l'état. Il ne sera donc responsable que des dégradations survenues depuis l'état de lieux, et cet état, par ses constatations, permettra au métayer de prouver facilement que les réparations nouvelles ne sont souvent que la conséquence du mauvais état antérieur, qu'il ne saurait donc en être responsable.

Ajoutons que des raisons de fait militaient en faveur de la solution admise par l'article 3.

Il était en fait impossible au propriétaire de prouver la faute du colon, tandis que nous avons constaté la facilité pour celui-ci de prouver la vétusté et la force majeure. Le propriétaire chargé de la preuve, c'était par le fait même le métayer exonéré de toute responsabilité, et désintéressé de ses précautions et de ses soins.

Quoi qu'il en soit l'article 3 est formel.

Remarquons qu'il fait réserve néanmoins de l'usage et de la stipulation contraire.

Sans emprunter au rapport de M. de Tourdonnet une longue énumération, nous remarquerons que les usages des pays du Centre et de l'Ouest avaient mis les réparations à la charge du colon, tandis que, dans le Midi, c'était en général le propriétaire qui les supportait.

Que faut-il entendre par ce mot locatives ? La loi de 1889, transportant en notre matière la règle de l'article 1754, nous pouvons emprunter à cet article la nomenclature qu'il contient, le preneur sera donc responsable, dans les limites indiquées plus haut, des réparations à faire aux âtres, contre-cœurs, chambranles ou tablettes de cheminées, etc., article 1754, (Bouissou et Turlin, 213.)

2° Il convient de faire observer que la division que nous établissons dans ces obligations du métayer n'a rien d'absolu, et qu'il sera souvent fort difficile de distinguer le véritable caractère d'une réparation.

Des réparations à des clôtures, des curages de fossés : peuvent au même titre être considérés comme nécessaires à l'entretien du domaine, ou comme découlant de l'obligation de donner à la chose les soins d'un bon père de famille.

2° *Usurpations.*

De même que sur la question des réparations, la querelle était vive, avant la loi de 1889, au sujet de la responsabilite du colon vis-à-vis du propriétaire, relativement aux usurpations.

L'article 1768 était-il applicable au colonat ?

Nous retrouvons ici, comme sur bien des points d'ailleurs, les partisans de la société et ceux du louage en conflit.

Les premiers, prétendant que le propriétaire ne se dessaisissait pas de sa chose, qu'il en conservait même la direction se refusaient à appliquer au colonat une disposition particulière au bail à ferme.

Les seconds, tout naturellement, transportaient en la matière ces mêmes dispositions.

La loi de 1889, à l'article 4, leur a donné raison, non pas

tant, selon nous, qu'elle ait adopté leur conception juridique, mais pour des raisons de fait très équitables.

Le propriétaire ne vivant pas sur les lieux, n'exerçant son droit de direction que de haut et de façon générale, est en général mal placé pour s'apercevoir d'usurpations souvent adroitement dissimulées ; quoi d'étonnant que la loi de 1889 ait cru devoir confier à celui qui s'est chargé de la garde et de la conservation d'un domaine, la défense de son intégrité ?

Remarquons que ce mot usurpations, doit s'entendre dans son sens le plus large, et qu'il s'appliquera aussi bien lors d'une prise de possession par autrui sur les terres du domaine, que dans le cas d'un obstacle apporté à l'exercice d'une servitude existant à son profit.

Comment le métayer satisfera-t-il à l'obligation contenue en cet article ? Tout avertissement donné par lui au propriétaire sera valable, sauf difficultés de la preuve.

Il sera donc prudent de recourir sinon à un acte extrajudiciaire, au moins à une lettre recommandée.

SECTION III

PRESTATIONS

§ I. Prestation principale

Part de récolte à délivrer au propriétaire.

Nous avons vu précédemment que sauf stipulation ou usage contraire — cas très rares — le maître et le colon partageaient par moitié les récoltes et produits du domaine.

Mais nous avons dit, et nous avons produit cet argument contre les partisans du louage, que le métayer n'était pas débiteur de la moitié revenant au propriétaire ; que la récolte, par suite de la perception, était devenue propriété indivise entre le maître et le colon ; que par le partage chacun d'eux devenait propriétaire de sa moitié et, en vertu de l'effet déclaratif qu'a le partage en droit français, était censé en avoir toujours été l'exclusif propriétaire.

Il n'y a donc pas dette du colon vis-à-vis du maître, toutefois il est de règle que la part du maître est portable.

Le métayer doit transporter en les greniers du maître la moitié qui lui revient, sauf stipulation contraire ou éloignement excessif, ou changement de domicile depuis le bail.

Le fermier qui paye en nature contracte vis-à-vis du propriétaire une *dette,* cette dette est par exception *portable.*

Dans le cas du métayer il n'y a pas une exception, en portant au maître sa moitié, le métayer exécute « une obligation de faire, mise à sa charge par l'usage ou les conventions ».

Le métayer est d'ailleurs tenu vis-à-vis du propriétaire à de multiples obligations, destinées à assurer le partage équitable des fruits, il devra prévenir le propriétaire du commencement de la moisson, de sa fin, et de la rentrée du grain, de manière à permettre au propriétaire de surveiller ces opérations.

L'article 1814 prévoit spécialement la tonte des moutons

et, pour éviter une fraude facile, prescrit au métayer de ne pas y procéder sans avoir prévenu le propriétaire.

Étendue de cette obligation. — Sur quoi porte le partage d'entre propriétaire et colon.

D'abord sur les récoltes des céréales.

Sur le produit des ventes de bétail.

Sur la tonte des moutous.

Les pailles et fourrages restent au domaine.

Le croît du cheptel ne se partage qu'à l'expiration du bail.

Il en est de même des récoltes de plantes fourragères, betteraves, pommes de terre etc., etc. A la fin du bail le métayer sortant peut, soit emporter sa part, soit la laisser à son successeur moyennant un prix fixé d'avance ou sur estimation.

Causes de non exécution. — Il peut se présenter trois cas, dans lesquels cette principale obligation du métayer se trouvera incomplètement remplie.

Cette inéxécution peut provenir.

Soit d'un cas fortuit.

Soit d'une faute du métayer.

Soit d'un délit du métayer.

a) Cas fortuit.

Deux articles de la loi de 1889 ont réglé cette question.

L'article 4, rend le colon responsable des pertes arrivées pendant la durée du bail. La disposition est édictée de façon générale.

L'article 9, décide qu'en cas de perte de récolte soit totale, soit partielle, le preneur n'a droit à aucune indemnité de la part du bailleur, et que chacun subit sa portion correspondante de la perte commune.

La règle de l'article 4 découle du principe du droit commun, — le métayer a la garde du domaine, il a donc l'obligation de veiller à sa conservation — comme nous l'avons vu au sujet des réparations et des usurpations, il y a faute contractuelle présumée de la part du métayer. A lui de faire tomber cette présomption en faisant la preuve du cas fortuit ou de la force majeure, preuve en général facile à faire.

Il est un cas cependant où le cas fortuit sera à la charge du métayer. C'est lorsque celui-ci sera mis par le propriétaire en demeure de lui faire délivrance de sa part de récolte et que, postérieurement à cette mise en demeure, sera survenue la perte partielle ou totale.

Nous appliquerons en ce cas la théorie générale de la demeure, le métayer est débiteur d'une obligation de faire, la demeure le constitue en faute, et cette obligation inexécutée se traduira en dommages-intérêts.

L'article 9 a été édicté pour indiquer nettement que les dispositions de l'article 1769 et suivants ne s'appliquent pas au colonat.

Quelle que soit l'importance de la perte, la quote part du maître ne varie pas. Sans doute le montant de cette quote part sera moins élevé que s'il n'y avait pas eu perte, mais par le fait même que le propriétaire touche moins, le métaye est censé payer moins.

Cet article 9 suppose évidemment que le partage des récoltes n'a pas été fait.

En effet, le partage fait, si le métayer n'est pas en demeure, la perte sera supportée par celui-là seul qu'elle atteint; il n'y a qu'à appliquer dans ce cas le principe général *res perit domino.*

b.) Faute du métayer.

La part de récolte revenant au maître peut se trouver réduite par suite de fautes commises par le métayer.

Celui-ci peut :

Soit avoir mal fait certains travaux : mauvais labours, fumure insuffisante, bétail mal soigné.

Soit avoir fait trop tard les travaux d'usage : labours, semailles, fauchaisons, etc., et dans ce cas, il est constitué en demeure par le terme lui-même. Il n'est pas nécessaire que le maître le lui commande : vu l'usage, le métayer est en demeure de plein droit.

Soit n'avoir pas fait des travaux accessoires commandés par le maître, charrois, etc., auquel cas une mise en demeure expresse est nécessaire.

Soit, au contraire, avoir fait des travaux dans son intérêt et pour son profit personnel.

Dans tous ces cas, des dommages intérêts peuvent être dûs. Le propriétaire peut se refuser à voir diminuer le revenu de son domaine par la faute de son auxiliaire.

Comme nous ne trouvons pas ici de dispositions spéciales la théorie générale s'appliquera.

Le propriétaire devra donc :

1° Faire la preuve de la faute reprochée au métayer.

2° Faire la preuve du préjudice qu'il a subi.

Cette double preuve par lui faite, il aura droit à des dommages-intérêts calculés en tenant compte, comme à l'ordinaire, tant de la perte subie que du gain manqué.

L'article 1766, auquel renvoie l'article 13 de la loi de 1889, prévoit en plus de ces dommages-intérêts, la résiliation du bail. Il appartiendra aux tribunaux d'y recourir, suivant la gravité des faits reprochés au métayer.

Il est en outre intéressant pour le propriétaire, de prévoir dans les baux la non exécution des travaux, et de se réserver le droit d'y faire procéder lui-même aux frais du métayer, sans mise en demeure préalable en cas d'urgence.

c.) *Délit du métayer.*

Le métayer peut enfin commettre au préjudice du maître un détournement de récoltes.

Il encourt de ce fait une double responsabilité, pécuniaire (art. 1382), et pénale.

Quelle est la nature de cette responsabilité pénale.

1° *Supposons d'abord le détournement commis avant le partage de la récolte.*

Le métayer dérobe des gerbes de blé qu'il met en lieu sûr et qu'il s'appropriera après le battage, cas trop fréquent.

Un arrêt de 1850. (Sirey 1850. 2. 207,) punit ce délit comme vol.

Un arrêt de Bordeaux du 16 janvier 1889, déclare que ce

n'est pas un vol, puisque, le colon détenant la récolte, il n'y a pas soustraction frauduleuse. Cet arrêt va même plus loin : il n'y a pas abus de confiance, puisqu'on ne lui a rien remis en exécution du contrat qu'on lui reproche d'avoir violé.

Cet arrêt aboutit à cette extraordinaire conclusion, que le délit commis de cette façon n'est pas puni par la loi pénale.

Il y a là, selon nous une fâcheuse interprétation du Code pénal.

On peut prétendre, jusqu'à un certain point, que le fait de cacher ainsi une partie de la récolte, a bien le caractère d'une soustraction frauduleuse.

En tous cas, les termes de l'article 401 du Code pénal sont d'une généralité suffisante pour permettre de classer le délit qui nous occupe dans « les larcins et filouteries, et tentatives de ces mêmes délits », que l'article 401 punit de deux ans à cinq ans de prison et de 16 à 500 francs d'amende.

Il y a d'ailleurs, et nous le reconnaissons, une lacune regrettable à la loi de 1889, qui aurait dû renvoyer expressément à cet article 401 pour la répression de ce délit particulier.

C'est d'ailleurs ce qu'avait fait la loi du 23 juillet 1873 par la répression de la filouterie d'aliments. Néanmoins nous pensons que l'argument un peu spécieux de l'arrêt de la Cour de Bordeaux ne doit pas assurer l'impunité à une fraude déjà trop facile à dissimuler.

2° *Supposons maintenant que le partage ait eu lieu.*

Si la part du propriétaire, transportée au domaine, est

enfermée dans un grenier dont il conserve la clef, comme cela se pratique souvent, il faudra évidemment décider que tout prélèvement frauduleux du métayer constitue un vol, et même un vol qualifié.

Si la part du propriétaire est remise au métayer à charge par lui de la vendre et d'en rendre compte, les infidélités du métayer, mandataire du propriétaire, sont qualifiées détournements et punies conformément à l'article 408 du Code pénal.

Enfin, le détournement d'une partie du prix des récoltes, remis au métayer en sa qualité de mandataire du propriétaire, expose le métayer à des poursuites pour abus de confiance. (Cass. 12 juin 1890.)

§ 2. — Prestations accessoires

1° *Impositions.*

Nous avons vu que l'impôt foncier restait, sauf clause contraire, à la charge du propriétaire. — L'article 147 de la loi du 3 frimaire an VII est conçu en des termes qui ne permettent pas d'en poursuivre le recouvrement contre le métayer.

Les impositions des portes et fenêtres établies par l'article 12 de la loi du 4 frimaire an VII « à raison des locaux occupés par les habitants » sont évidemment a la charge du métayer. En pratique la régie en poursuit le recouvrement contre le propriétaire sauf recours de celui-ci contre le colon.

Les prestations, organisées par l'article 3 de la loi du 22 août 1836, sont également à la charge du métayer. M. Méplain, page 218, fait justement remarquer que, si les prestations sont acquittées en nature, le travail des animaux représente en partie une contribution du propriétaire.

Si le métayer préfère s'acquitter en argent, il supporte seul cet impôt ; inutile donc de dire que les métayers préfèrent, en pratique s'acquitter en nature.

2° *Prestation colonique et servines.*

En analysant la cause du métayage, nous avons été amenés à parler de ces prestations accessoires, inutile donc d'y insister à nouveau. Une simple question se pose à ce sujet, prestation colonique et servines sont elles dues en cas de perte de la récolte ?

Le Code et la loi de 1889 sont muets sur ce point ; il faut donc consulter l'usage, et M. Méplain constate, page 209, que ces prestations sont généralement dues même en cas de perte totale de la récolte.

Plusieurs raisons militent en faveur de cette solution. Écartons les menues faisances peu importantes pour ne nous occuper que de la prestation colonique.

Pour les uns, elle réprésente en quelque sorte le loyer de la maison et du jardin ; peu importe la récolte, le métayer doit le loyer des lieux dont il a eu jouissance.

Pour les autres, et nous nous sommes rangés à cette opinion, la prestation colonique est due suivant la plus ou moins grande fertilité du domaine, mais elle n'en est pas moins toujours due, car elle doit être calculée sur un nombre d'années assez long, et en tenant compte de toute perte éventuelle. Seule l'idée d'association, particulière au contrat de métayage, peut faire renoncer le propriétaire au paiement d'une prestation qui lui est due.

Remarquons en outre, avec M. Méplain, page 184, que les menues faisances et servines en nature ne s'arréragent pas, de façon à ne pas accabler un jour le métayer sous leur poids accumulé.

SECTION IV

RESTITUTION DE LA CHOSE

L'obligation de restituer le domaine loué prend naissance lors de la fin du bail.

L'article 4 de la loi de 1889 a réglé l'étendue et l'exécution de cette obligation.

Cet article 4 renvoie aux articles 1730 et 1731 au sujet de l'état des lieux, à l'article 1768 au sujet des usurpations, et édicte vis-à-vis de l'incendie, des pertes et des dégradations, des dispositions dérivant des articles 1732 et 1733 un peu modifiés.

Rappelons brièvement en quel état les lieux doivent être remis.

Nous avons vu que le métayer n'a pas à exiger la mise en état des lieux loués, mais que dans ce cas, il peut faire dresser un état des lieux.

1° (Art. 1730). Si cet état est dressé, il doit rendre les lieux en ledit état, sauf pertes ou dégradations de vétusté ou force majeure.

2° (Art. 1731). Si cet état n'est pas dressé, les lieux sont censés avoir été livrés en bon état de réparations locatives et doivent être rendus tels, sauf preuve contraire.

Nous nous sommes étendus plus haut sur les réparations locatives et la partie à qui elles incombaient.

Nous avons également étudié la responsabilité du métayer en cas d'usurpations.

Reste la question de l'incendie, à laquelle nous croyons préférable de consacrer un appendice spécial.

Il nous reste donc à examiner, à ce point de vue de la restitution du domaine, quelques obligations pratiques du métayer, relatives aux travaux de culture, aux pailles et fourrages, et aux semences.

L'article 13 de la loi de 1889 renvoie d'ailleurs aux articles 1777 et 1778.

Travaux de culture.

Le fermier sortant doit avoir terminé lors de sa sortie tous les travaux de la saison.

Si par suite des intempéries, ces travaux ne sont pas terminés il peut y renoncer malgré la volonté du propriétaire, l'article 1148 déchargeant de tous dommages-intérêts le débiteur empêché de se libérer par cas fortuit ou force majeure.

Il peut néanmoins terminer ses semailles, s'il ne rencontre pas un obstacle dans sa situation bizarre : il n'a plus le droit de se servir des animaux attachés au domaine qu'il quitte, et s'il est entré dans un nouveau métayage, il ne peut en distraire les animaux pour la culture d'un autre domaine sans aucun profit pour leur propriétaire.

Il n'aura donc que la ressource de louer des animaux et des gens pour faire son travail, ou plutôt de s'entendre avec le métayer qui le remplace.

Graines fourragères.

Le métayer sortant doit laisser au métayer entrant la facilité de semer dans les céréales les graines fourragères qu'il appartiendra, l'article 1777 en fait une obligation formelle.

Pailles, engrais et fourrages.

L'article 1778, décide que, s'il les a reçus en entrant, le fermier sortant doit laisser les pailles et engrais de l'année, et que s'il ne les a pas reçus, le propriétaire a le droit de les retenir suivant estimation.

La jurisprudence ajoute les fourrages aux pailles et engrais, il y a là une question d'analogie.

L'article 1778, n'a d'ailleurs aucun caractère d'intérêt public.

Les parties peuvent régler ces questions à leur gré, s'il existe à ce sujet une clause du bail, on devra s'y conformer. A défaut de convention, on suivra les règles de l'article 1778.

Si le colon a reçu les pailles et fourrages à l'entrée, il devra en laisser égale quantité, sauf le droit pour le propriétaire de garder le surplus à prix d'estimation.

Si le colon n'a rien reçu, il a droit à une indemnité.

L'article 1778 donne au propriétaire le droit de garder ces pailles et fourrages à prix d'estimation. Le propriétaire devra donc donner au métayer le prix de la moitié des pailles et fourrages laissés.

Cet article 1778 peut être invoqué par le métayer lors de sa sortie, s'il a été créé un pré naturel dans le cours du bail. Il n'a pas reçu le foin de ce pré, il prétend donc à une indemnité égale à la moitié de la récolte qu'il laisse au domaine.

On prétend néanmoins que le propriétaire ayant fait les frais d'établissement du pré garde cette récolte à titre d'indemnité. C'est d'ailleurs là un usage assez général.

Semences.

On applique la même règle que précédemment : si le colon sortant les a reçues à l'entrée, il doit les laisser.

S'il ne les a pas reçues c'est au nouveau colon à les fournir, d'accord et de moitié avec le propriétaire.

Situation intermédiaire.

L'article 1777 règle les rapports existant entre le nouveau et l'ancien métayer, pendant la période où tous deux ont des droits sur le domaine

Ils se doivent le logement et les facilités convenables nécessaires, à l'un pour préparer la future récolte, et à l'autre pour recueillir la récolte à faire.

Que se passera-t-il en cas de contravention aux dispositions de l'article 1777 ?

Le colon lésé aura évidemment le droit de recourir

contre son bailleur qui doit le faire jouir, celui-ci interviendra pour faire cesser le trouble.

Quelques auteurs reconnaissent même au colon ainsi troublé une action directe contre l'autre, en vertu des termes de l'article 1777 : « le fermier sortant doit laisser... »

Il y aurait là une injonction légale formelle sanctionnée par une action directe susceptible d'être exercée par le métayer lésé.

A l'appui de cette opinion, on invoque l'exemple de deux autres actions créées par la loi indépendamment de tout rapport contractuel, l'une par l'article 1753, en faveur du propriétaire vis-à-vis du sous-locataire ; l'autre par l'article 1798, au profit des maçons, charpentiers, etc., contre le débiteur de l'entrepreneur.

Que l'on reconnaisse ou non cette action directe, il nous semble préférable d'avoir recours à l'intervention du propriétaire qui devra faire respecter son autorité.

APPENDICE

RESPONSABILITÉ DU MÉTAYER EN CAS D'INCENDIE

L'incendie est un des cas fortuits que peut invoquer le métayer lorsqu'à la fin de son bail, il remet à son propriétaire un domaine appauvri ou diminué.

La loi toutefois a donné une importance spéciale à l'incendie, à cause de la fréquence et de l'importance des pertes qu'il occasionne. Nous examinerons donc spécialement la responsabilité encourue par le métayer au cas d'incendie ; c'est d'ailleurs là une question qui a soulevé jadis de vives controverses auxquelles a mis fin la loi de 1889.

L'article 1733 du Code civil, règle en effet de cette façon la responsabilité du preneur à bail : il répond de l'incendie à moins qu'il ne prouve :

Ou que l'incendie est arrivé par cas fortuit, force majeure ou vice de construction.

Ou que le feu a été communiqué par une maison voisine.

L'application de cet article au métayage donna naissance à trois opinions.

I. Pour les uns, l'article 1733 était une disposition exceptionnelle ; en droit commun, l'article 1382, oblige celui qui a causé *par sa faute* un dommage à autrui à le réparer, mais à la condition que le demandeur lésé, prouve cette faute du défendeur.

Dans le cas de l'article 1733, au contraire, c'est au défendeur à faire la preuve qu'il n'est pas en faute, c'est bien une exception qui ne peut-être étendue par analogie. Le métayage n'étant pas un bail, c'est au propriétaire qu'il appartient de fournir la preuve de la faute du métayer. Cette théorie, formulée par les partisans du métayage constitutif de société, a inspiré diverses décisions judiciaires : Limoges, 21 février 1839, 6 juillet 1840. — Avignon 29 décembre 1849. — Agen, 7 février 1850. — Grenoble, 20 mars 1863.

II. Les partisans du métayage constitutif de louage répondaient tout naturellement que l'article 1733 était exceptionnel, mais que le métayage étant une forme du louage il tombait sous l'application de cet article.

III. D'après une troisième opinion, plus conforme aux principes, en laissant de côté toute considération sur la nature du métayage, il fallait néanmoins lui étendre les dispositions de l'article 1733.

Il ne faut pas en effet considérer cet article comme une exception, mais comme une application du droit commun, une extension de l'article 1382.

Le métayer arrivé au terme du bail est débiteur d'un corps certain, il allègue sa libération causée par la perte de l'objet survenue par cas fortuit, par incendie. Il est tenu de prouver ce cas fortuit qu'il allègue : l'incendie n'est pas par lui-même un cas fortuit, il peut résulter d'une faute du preneur, c'est donc à celui-ci à prouver qu'il n'en a pas commis, moyennant quoi il se trouvera libéré.

La jurisprudence et la majorité de la doctrine s'étaient d'ailleurs rangées à cette opinion, mais là n'était pas le seul point controversé.

Trois théories étaient également en présence au sujet de l'administration de cette preuve exigée du métayer ; l'énumération de l'article 1733 était elle oui ou non limitative ?

1° Les premiers ne permettaient pas au métayer de sortir des cas prévus, sinon, d'après eux, l'article 1733 était sans aucune utilité.

2° M. Troplong, au contraire, étend l'interprétation jusqu'à déclarer le métayer libéré s'il prouve qu'il a surveillé la chose en bon père de famille, « L'article 1733, dit-il, ne « descend pas dans ces détails, il ne demande qu'une chose, « c'est qu'il y ait preuve de cas fortuit ou de force majeure ? Or qu'est-ce que la force majeure si ce n'est cette « puissance qui trompe la vigilance de l'homme et confond « ses soins prudents ? Lors donc que le conducteur a pris « les sages mesures de conservation d'un père de famille « diligent, quand il prouve qu'il a été exact, attentif, diligent, précautionné, il démontre par là même que le dé« sastre est l'effet de la force majeure, c'est-à-dire plus « grande que la force et la prévoyance données à l'homme ». Troplong. Louage II, n° 384.

3° Ces deux systèmes n'ont d'ailleurs pas été suivis par la jurisprudence. L'article 1733 réglant simplement une application des principes généraux, ne peut faire au métayer une condition plus dure qu'à tout autre détenteur de la chose d'autrui. Les cas cités à l'article 1733, n'ont que force d'exemples, ils ne sont pas limitatifs.

La théorie émise par M. Troplong, par antithèse peut-être, était d'un relâchement excessif. La preuve administrée comme il l'entendait était trop vague pour avoir valeur probante, la jurisprudence exigea que cette preuve fût circonscrite à des faits et à des moments précis. Une distinction proposée par M. Méplain, entre les bâtiments d'exploitation et les bâtiments d'habitation fut repoussée (Riom, 19 novembre 1884).

Telle était la solution admise en jurisprudence avant la

loi de 1889. Cette loi consacra à la responsabilité du métayer en cas d'incendie, le § 2 de l'article 4 ainsi conçu : « Il répond « de l'incendie, des dégradations, et des pertes arrivées « pendant la durée du bail, à moins qu'il ne prouve qu'il a « veillé à la garde et à la conservation de la chose en bon « père de famille ».

Cet article nous semble la consécration pure et simple du système adopté par la jurisprudence pour l'interprétation de l'article 1733, et cependant l'examen des travaux préparatoires permet de constater que cette rédaction n'a été inspirée au législateur que pour écarter ce même art. 1733. C'est ce qu'ont déclaré M. Clément au Sénat et M. Million à la Chambre. N'a-t-on pas cependant perdu une occasion de consacrer une jurisprudence acquise?

La rédaction actuelle de l'article 4, a d'ailleurs cet inconvénient d'avoir permis de reprendre la théorie abandonnée de Troplong, et M. Méplain déclare qu'en pratique il suffira au métayer de prouver « qu'il faisait prendre à ses gens les précautions nécessaires pour éviter l'incendie ».

Il est facile de voir les redoutables conséquences de la facilité exagérée de la preuve ainsi comprise.

Pas de relation de cause à effet, avec une preuve aussi vague qui ne permet pas de constater une imprudence accidentelle.

La jurisprudence d'ailleurs est restée constante. Bien qu'un jugement du Tribunal de Moulins, du 2 août 1893 ait été rendu sous l'influence des théories de M. Méplain, deux décisions du Tribunal de Montluçon du 28 décembre 1893 et du tribunal de Cusset du 2 août 1893, repoussent l'administration d'une preuve aussi vague.

Enfin la Cour de Toulouse dans un arrêt du 20 mars 1894, déclare qu'il ne suffit pas au colon partiaire de prouver d'une manière générale qu'il a veillé à la garde et à la conservation de la chose, il faut que son offre de preuve porte sur des faits assez précis pour permettre au juge d'apprécier s'il a réellement veillé en bon père de famille à la garde et à la conservation de l'immeuble.

C'est la consécration pure et simple d'un retour au droit commun : en fait, lorsque la chose sera possible, le métayer fournira une preuve incontestable de sa non responsabilité, s'il démontre qu'il a été victime d'un cas fortuit ou de la force majeure. Ces expressions désignent tout évènement étranger à la volonté du colon et qu'il lui était impossible de prévoir ou de maîtriser. L'appréciation des faits ainsi présentés appartient aux Tribunaux. C'est à eux de distinguer si, en réalité, un fait en apparence tout accidentel, n'a pas son origine dans une imprudence du colon qui le constitue en faute. C'est ainsi que dans le cas trop fréquent d'un incendie communiqué par une machine à battre, fait en lui-même étranger au métayer, les juges pourront s'assurer si toutes les précautions d'usage ont été prises et si notamment la machine n'était pas imprudemment rapprochée des meules ou des greniers.

Nous avons jusqu'ici supposé que le métayer habitait seul les bâtiments du domaine.

Il peut cependant arriver qu'il les occupe.

a) Soit avec le propriétaire.

b) Soit avec un autre métayer lors des entrées et sorties.

a) *Co-occupation avec le propriétaire.*

Supposons que le propriétaire et le métayer habitent tous deux le domaine. Survient un incendie qui détruit les bâtiments.

Le propriétaire ne pourra se prévaloir de la disposition de l'article 4 de la loi de 1889, que s'il prouve que le feu n'a pas pris chez lui ou qu'il a pris chez le colon ; faute de fournir cette preuve, la présomption de faute ne peut exister, conformément à l'article 1302, c'est au propriétaire à faire la preuve de la faute du métayer.

Le mot co-occupation doit être pris au sens propre. Il n'y a pas co-occupation au cas où le propriétaire se réserve un grenier dont il a les clefs. C'est ce qu'a décidé la Cour de cassation, dans un arrêt du 20 octobre 1885, sur cassation d'un arrêt de la Cour de Limoges du 6 février 1883.

b) *Co-occupation avec un métayer.*

Cette situation, qui peut se produire à tout changement de métayer, est réglée par l'article 1777. Il faut donc admettre que pendant la durée de la co-habitation il y a dans la métairie deux locataires, le métayer entrant et le métayer sortant.

En cas d'incendie, l'article 1734 nouveau leur est applicable, ils sont responsables de l'incendie chacun pour leur part, sauf à l'un d'eux à prouver que l'incendie a pris chez l'autre, auquel cas celui-ci seul est tenu du dommage en totalité.

c) Combinaison du métayage avec le fermage.

Nous pouvons envisager le cas, encore assez fréquent, d'un fermier général ayant placé un métayer à la tête de chaque domaine loué. Le propriétaire a-t-il le droit de poursuivre directement le métayer ?

L'exercice par le propriétaire d'une action directe contre le sous-preneur a été souvent discuté.

D'après une opinion, le propriétaire et le sous-preneur n'ont entre eux aucun lien de droit, il ne saurait donc exister d'action directe entre eux. Le propriétaire peut seulement exercer l'action indirecte de l'article 1166. C'est l'opinion de MM. Laurent et Labbé.

Mais par un arrêt récent du 13 janvier 1892, la Cour de cassation a reconnu au propriétaire une action directe contre les sous-preneurs, et ce, en vertu de l'article 1733, qui comprend dans la généralité de son terme, non seulement le preneur mais tout sous-preneur quelconque, qui, par le fait seul de l'habitation, contracte vis-à-vis du bailleur l'obligation personnelle de restituer la chose en bon état. Le métayer sous-preneur peut donc être actionné en responsabilité par le propriétaire.

Cet arrêt a une importance considérable. L'action directe ainsi exercée a sur l'action indirecte de l'article 1166 un double avantage.

a) Le propriétaire ne subit pas le concours des autres

créanciers du preneur principal, qui eux aussi ont l'action de l'article 1166.

b) Le sous-preneur ne peut opposer au propriétaire les exceptions personnelles qu'il peut opposer au preneur principal.

II. — DROITS DES PARTIES

CHAPITRE VI

DROITS DU BAILLEUR

SECTION I

DROITS DE CHASSE ET DE PÊCHE

L'article 5 § 2 de la loi de 1889 dispose « que les droits de chasse et de pêche restent au propriétaire ».

Cette disposition a simplement consacré une jurisprudence constante en matière de métayage : jurisprudence fondée sur un usage constant et incontesté.

Bien que cette solution ait été également admise en matière de fermage, ce n'a pas été sans quelque discussion. On prétendait que le fermier nourrissant le gibier à ses dépens et en supportant les dégâts, c'était à lui que devait revenir le droit de chasse dans le silence des conventions ; à cela on objectait avec justice que les dégâts de gibier donnaient naissance à une action en dommages-intérêts, et que le gibier, *res nullius*, n'était pas un fruit du fonds, dont la poursuite constituait en tout cas un droit voluptuaire, inhérent à la propriété.

Quoiqu'il en soit, les réserves apportées par le contrat de métayage au désaisissement du propriétaire suffisent pour justifier la disposition de l'article 5.

Le métayer chargé des soins du domaine ne doit pas s'en laisser distraire par la passion de la chasse.

Il est intéressant cependant de rappeler ici un arrêt de la Cour de cassation du 9 mai 1884, distinguant le droit de passage du droit de chasse ; comme il est défendu de passer dans des terres non seulement ensemencées mais préparées, l'exercice du droit de chasse peut se trouver réduit à rien, en plaine du moins.

Bien que le propriétaire puisse arguer de son droit de direction pour traverser ses cultures, il peut être prudent de sa part, pour éviter toute discussion ultérieure, de se réserver au bail le droit de passage dans les terres ensemencées, sauf les céréales sur pied et les graines à maturité.

Il convient de faire observer que la réserve par le propriétaire du droit de chasse ne prive pas le métayer du droit de repousser, même par les armes à feu, les bêtes nuisibles qui causent un préjudice à la propriété (art. 9 loi du 3 mai 1844).

Il peut de même se protéger de la même façon contre les dégâts des volailles et des pigeons du voisin, dans conditions indiquées par les articles 4 et 7 de la loi du 4 avril 1889.

SECTION II

2. — DROIT DE DIRECTION ET SURVEILLANCE

L'article 5 de la loi de 1889 décide que : « le bailleur a « la surveillance des travaux et la direction générale de l'ex- « ploitation, soit pour le mode de culture, soit pour l'achat « et la vente des bestiaux. L'exercice de ce droit est déter- « miné quant à son étendue par la convention, ou à défaut « par l'usage des lieux. »

« C'est en effet une caractéristique de notre contrat, dit « M. Clément, que le droit pour le maître de surveiller et « d'intervenir dans les travaux, afin que les terres donnent « le meilleur rendement possible. »

Les dispositions de l'article 5 précité ne font que consacrer un usage universel, reconnu par M. Clément dans son rapport au Sénat.

On a souvent comparé le rôle respectif du propriétaire et du métayer avec l'association de la tête, qui dirige et organise, et du bras qui exécute. Il ne faut cependant pas aller trop loin, nous avons vu que le métayer pouvait, en certains cas, encourir une responsabilité vis-à-vis du maître : « Cette responsabilité, dit M. de Gasparin, suppose une « certaine liberté d'action dans la direction..... le métayer « est un *associé,* et à ce titre, il ne peut être considéré « comme un simple préposé. »

La loi de 1889 a bien indiqué d'ailleurs le vrai caractère

de la direction du propriétaire, elle dit : *direction générale;* lorsqu'ils n'ont pas effet sérieux sur le résultat, le maître ne doit donc pas insister sur les détails de l'exécution. C'est justement là qu'existent l'initiative et la responsabilité du métayer.

Si nous trouvons néanmoins trop vague l'indication tirée de la loi, nous ne pouvons qu'emprunter à M. Méplain (nos 184 et suiv, page 170, et suiv.), les règles souvent citées (Bouisson et Turlin, p. 266 ; Rérolle, p. 394), qu'il a donné du droit de direction.

« Lorsque le maître s'abstient de commander ou de « défendre, le métayer a le droit d'agir selon ses connais- « sances et ses idées ; lors même qu'il aurait pu mieux « faire, il est à l'abri de tout reproche s'il n'a manqué que « par erreur et non par négligence ou mauvaise volonté. « On ne doit pas même, comme quelques-uns le veulent, « l'enserrer dans le cercle étroit de l'usage des lieux, et le « déclarer en faute par cela seul qu'il a fait autrement que « son voisin, la routine est un lien dont il lui est permis « de s'affranchir, et s'il s'écarte sans succès de l'habitude « commune, s'il en résulte même quelque perte pour la « communauté, on ne devra point la mettre à sa charge à « moins qu'une faute lourde, celle qui touche au dol, « puisse lui être imputée. »

« Il en serait autrement s'il agissait contre la volonté du « maître formellement exprimée, il supporterait seul le « dommage qui pourrait en résulter, et, sans attendre l'évé- « nement, le maître se pourvoirait utilement pour l'empê-

« cher..... la prédominance réservée au propriétaire l'auto-« torise à dépasser les limites d'un simple veto, soit que le « métayer néglige un travail recommandé par l'usage, soit « qu'il résiste à l'emploi d'un procédé nouveau mais d'un « avantage évident, il peut y être contraint. »

« Faut-il donc, dira-t-on, abandonner le colon aux « caprices du maître et l'obliger à le suivre à travers les « utopies agricoles dans lesquelles il lui plaira de l'en-« gager?..... Cette objection serait péremptoire si l'on « refusait au colon le droit de résistance, mais, avant « d'agir, il peut exiger que le propriétaire prenne pour son « compte la responsabilité du succès, et si celui-ci refuse, « il peut opposer, jusqu'à ce qu'il soit légalement contraint, « la force d'inertie. On peut alors s'en rapporter à la pru-« dence du juge pour tenir compte des observations qui « précèdent et protéger les intérêts du colon. J'accorde « même que les tribunaux doivent être extrêmement « réservés à ce sujet, et rejeter la demande du proprié-« taire toutes les fois qu'il ne pourra l'appuyer d'une « expérience bien établie et d'une notoriété bien cons-« tatée. Ainsi mesurée, l'autorité accordée au proprié-« taire n'a plus de dangers, elle se concilie avec le droit « du métayer, et le colonage partiaire peut se défendre « jusqu'à un certain point du reproche qui lui a été si sou-« vent adressé, d'être un obstacle invincible aux amélio-« rations et d'être le compagnon inséparable de la rou-« tine. »

Voyons quelles sont les applications que reçoivent ces principes sur quelques points de pratique.

Une des premières conditions de travail exigées par les méthodes de culture modernes est l'emploi d'instruments agricoles nouveaux ou perfectionnés.

Le propriétaire, qui peut contraindre le métayer à avoir les outils de culture généralement usités, ne peut contraindre son métayer à faire l'achat de ces instruments souvent très coûteux.

Plusieurs solutions se présentent à lui, s'il désire en voir faire usage sur son domaine : il peut avancer les fonds d'achat et s'en faire rembourser par un amortissement, ce qui suppose un bail à terme suffisamment éloigné.

Le plus souvent, il fera l'acquisition des instruments qui resteront attachés au domaine, et que le colon devra employer et entretenir. Son consentement, nécessaire dans l'autre cas, ne peut être refusé dans celui-ci.

L'emploi des engrais, préconisé par l'agriculture moderne, peut également être la source de conflits entre le propriétaire et le métayer. Ici surtout, il convient de se rappeler le principe posé par M. Méplain et d'avoir recours à des essais. Le procédé bien connu consiste à faire l'application de l'engrais à essayer sur une étroite bande prise dans la longueur d'un champ. Le propriétaire y trouve l'avantage d'une démonstration concluante, et le métayer récalcitrant est souvent convaincu avant même la maturité de la récolte.

Une certaine prudence s'impose également au propriétaire au point de vue des améliorations. Il ne doit pas s'inspirer du résultat final pour le domaine, mais bien respecter l'intérêt du métayer. Une amélioration foncière dont l'effet rémunérateur ne s'apercevra qu'à long terme est en général incompatible avec la jouissance promise au métayer, à qui il peut être avantageux, pour vaincre son opposition, d'offrir une indemnité.

Quelle est la sanction de ce droit de surveillance ? En théorie, en cas d'inexécution ou de désobéissance, le propriétaire peut appeler le métayer en justice, et au besoin, en cas d'urgence, l'assigner en référé.

C'est là une solution extrême à laquelle il est préférable de ne pas recourir. « Quand après une ou deux années de « présence et de patience, vous serez bien convaincu que « la réforme et l'amélioration sont impossibles, n'hésitez « plus à vous séparer de votre colon », dit M. Méplain.

C'est évidemment sur ce point qu'il convient de reconnaître la supériorité des baux annuels sur les baux à plus long terme.

Une question intéressante peut encore se présenter, en cas de bailleur indivis.

Si les bailleurs sont d'accord, le métayer n'a qu'à suivre la voie qui lui est tracée.

Mais que doit-il faire en cas d'ordres contradictoires ? La prudence la plus élémentaire lui conseille d'attendre. Il doit agir en fait pour le mieux, comme s'il ne recevait pas d'ordres, et opposer à ceux qu'on lui donne le défaut d'entente. Le colon ne doit pas s'immiscer aux querelles de ses propriétaires, d'ailleurs il est rare que sa situation se prolonge, et, à défaut d'entente, le partage que provoquera l'un des co-propriétaires viendra le tirer d'embarras.

SECTION III

PRIVILÈGES DU BAILLEUR

La loi a donné au bailleur diverses garanties pour faciliter le recouvrement de ses créances.

1° Le privilège du bailleur (art. 2102. C. C.)

2° La saisie-gagerie, plus simple que la saisie ordinaire (art. 819, C. pr. c.).

3° De nombreuses exceptions à l'insaisissabilité des biens (art. 592, C. pr. c.).

Ces avantages sont-ils accordés au bailleur à métayage.

Nous verrons que la loi de 1889 a tranché cette question, mais on peut constater que, dès avant cette loi, la solution qu'elle a consacrée était prédominante.

En vain, les partisans de la société avaient-ils prétendu que ce privilège, institué spécialement dans le cas du louage, ne pouvait être étendu à un contrat différent, le métayage.

A cette objection, on leur répondait qu'il n'était pas nécessaire de décider de la nature du métayage pour lui appliquer les dispositions de l'article 2102, que c'était là un usage universel, que la loi du 25 mars 1838 sur les justices de paix reconnaît au propriétaire de métairie le droit de saisir-gager son métayer, que cette saisie n'est que la sanction du privilège, que donc ce privilège existait.

La Cour d'appel de Limoges, dans un arrêt du 26 août 1848, confirmatif d'un jugement du tribunal civil de Chambon (1) décide : « que le bail à colonat partiaire est un contrat « innommé, un acte mixte qui participe et du bail à ferme « et du contrat de société ; mais que dans l'un ou l'autre « cas, il est évident que lorsque le bailleur, propriétaire, a « fait des avances ou fournitures au preneur, colon, pendant « l'exploitation et pour entretenir l'exploitation, le privi- « lège accordé par l'article 2102 sur les fruits de la récolte « de l'année, est applicable au bail partiaire comme au bail « à ferme. Que cette solution est favorable à l'agriculture « et au colon lui-même, car, s'il en était autrement, le « colon, qui a souvent des besoins, ne trouverait plus les « mêmes facilités de la part du propriétaire qui craindrait « de perdre ses avances. »

L'article 10 de la loi 1889 a consacré cette doctrine. Il décide en effet que « le bailleur exerce le principe de l'ar- « ticle 2102 du Code Civil sur les meubles, effets, bestiaux « et portions de récoltes appartenant au colon pour le paie- « ment du reliquat du compte à rendre par celui-ci. »

L'intérêt que présente cette question de privilège pour le propriétaire, nous permet d'étudier successivement quelles personnes ce privilège protège, quels objets il frappe, quelles créances il garantit, et quel rang il occupe.

(1) Tribunal civil de l'arrondissement de Boussac, Creuse.

§ 1. — Personnes protégées.

Le bailleur, qu'il soit ou non propriétaire, l'usufruitier, le fermier, le principal locataire, le possesseur, peuvent invoquer au même titre l'article 2102.

§ 2. — Objets frappés.

La loi de 1889 les énumère successivement.

a) *Meubles et effets.*

Il faut entendre par là les meubles meublants, le linge, la vaisselle, les objets de consommation, les instruments agricoles.

Ne sont pas considérés comme frappés par le privilège, comme ne garnissant pas les lieux, les meubles incorporels, titres de créance, billets de banque, bijoux.

Sont de même exceptés, les objets appartenant à des tiers, et remis au preneur à titre soit de louage, soit de dépôt ou autre, *mais si leur propriétaire a averti le bailleur.*

Celui-ci peut croire que tous les objets garnissant les lieux sont son gage ; après avertissement, cette prétention cesse et le privilège tombe, mais l'avertissement doit être donné au moment de l'introduction des objets chez le preneur.

b) *Bestiaux.*

Par cette expression, la loi a voulu indiquer que le privilège s'appliquait à l'excédent de cheptel revenant au colon. Il est difficile, en effet, de concevoir l'introduction dans un domaine de bétail appartenant au colon seul, ou bien le propriétaire serait lésé dans ses intérêts.

Comme pour les meubles, nous dirons que tout tiers, avant de confier un animal au métayer agira prudemment en avertissant le propriétaire. L'article 1813 du Code civil, décide en effet, que lorsque le cheptel est donné au fermier d'autrui, il doit être notifié au propriétaire de qui ce fermier tient, sans quoi le cheptel peut être saisi et vendu par le propriétaire pour ce que son fermier lui doit.

c) *Portion de récolte appartenant au colon.*

Il faut décider, comme on l'enseigne pour l'article 1102 :

1° Que le privilège porte sur les fruits de l'année, que ces fruits soient ou non engrangés dans les bâtiments du domaine.

2° Que ce privilège ne frappera pas les récoltes des années précédentes, à moins que le propriétaire n'exerce sa revendication dans les 40 jours de leur déplacement.

Un question controversée se pose au sujet des récoltes destinées à être vendues. Cette destination, prétend M. Troplong, a dû empêcher le bailleur de compter sur elles comme garantissant sa créance. Il n'a pas à se plaindre : connaissant leur destination, il a consenti d'avance à leur enlèvement.

Cette solution n'a pas été admise en jurisprudence.

1° Il a été jugé que la vente des objets soumis au privilège, ne fait pas tomber celui-ci, du moins tant que la tradition n'a pas eu lieu.

Le Tribunal de Chambon, sous arrêt de Limoges précité du 26 août 1848 a déclaré que « le droit du propriétaire « serait illusoire et manquerait de sanction s'il était au pou- « voir du colon de l'annihiler au moyen d'une vente à « laquelle il ne manquerait jamais de recourir pour faire « perdre au bailleur les avances qu'il aurait faites ».

2° Il a été jugé également que, dans la quarantaine de la tradition opérée aux mains de l'acheteur, le propriétaire conservait le droit de saisir-revendiquer la part des récoltes vendue en fraude de ses droits par le métayer. Tel est le sens d'un arrêt de la Cour de Lyon du 24 février 1836. (*Contrà* : mots de l'article 2102, « mobilier garnissant une ferme »).

Si l'on admet le principe de l'article 2102, 1°, (et la loi de 1889 l'impose formellement), il faut en admettre les conséquences nécessaires.

La sécurité de l'acheteur ne peut primer celle du bailleur, celui-ci ainsi désarmé par la tradition serait placé dans le cas prévu par le Tribunal de Chambon.

Le propriétaire d'ailleurs n'usera d'une extrémité aussi grave que la saisie-revendication, qu'à défaut de toute autre ressource. La Cour d'Alger, le 25 juin 1878, et la Cour de Cassation elle-même le 2 avril 1873 ont accordé au métayer des dommages-intérêts pour saisie pratiquée à tort par le propriétaire.

b) Indemnité d'assurance.

A l'énumération contenue dans l'article 10 de la loi de

1889, il convient d'ajouter l'indemnité payée par l'assurance en cas de sinistre.

On sait en effet que cette indemnité ne représentait pas la chose perdue, qu'elle n'en conservait pas les garanties, et tombait de plein droit dans le patrimoine de l'assuré.

Les créanciers privilégiés et chirographaires venaient sur elle *tous* au marc le franc.

Mais en présence de cette situation fâcheuse, la loi du 19 février 1889, à l'article 2, attribua « les indemnités d'as-« surances contre l'incendie, la grêle, la mortalité des « bestiaux et autres risques, sans qu'il y ait besoin de délé-« gation expresse, aux créanciers privilégiés et hypothé-« caires suivant leur rang ».

La lacune constatée plus haut existe d'ailleurs encore au cas d'indemnité à raison d'expropriation pour cause d'utilité publique. Aucune disposition légale ne permet de lui appliquer le privilége du bailleur et il semble bien spécieux de faire rentrer l'expropriation dans les « autres risques » prévus à l'article 2 de la loi du 19 février 1889.

§ 3. — Créances garanties.

L'article 10, très concis, donne privilège pour le paiement du reliquat de compte à rendre par le colon.

Ce compte, dont nous nous occuperons plus tard, renferme des créances de toute nature : produits de vente de récoltes, et de vente de bestiaux revenant au maître et touchés par le métayer, parts d'impositions payées par le maître en entier, réparations, prestation colonique, et surtout *avances*, avances qui peuvent être, soit stipulées dans le bail, soit bénévoles de la part du maître.

Ainsi que nous l'avons vu, une opinion généralement admise accordait à toutes ces créances le privilège de l'article 2102.

Mais quelques mois avant la loi du 18 juillet 1889, était promulguée la loi du 19 février 1889, restreignant le privilège du bailleur et modifiant en ces termes l'art. 2102. « Ce privilège ne peut être exercé même quand le bail a « acquis date certaine que pour les fermages des deux der-« nières années échues, de l'année courante et d'une année « à compter de l'expiration de l'année courante, ainsi que « pour tout ce qui concerne l'exécution du bail, et pour les « dommages-intérêts qui pourraient lui être accordés par « les tribunaux ».

Cette disposition restrictive est-elle oui ou non applicable au privilège du bailleur à métayage ?

Deux opinions ont été émises, toutes deux présentent des arguments sérieux.

1° La cour de Poitiers, dans un arrêt du 18 décembre 1890, admet l'application des dispositions précitées de la loi du 19 février 1889, au privilège du bailleur à métayage.

Elle peut invoquer en faveur de cette solution.

a) La généralité des termes employés — bailleur d'un fonds rural — semble écarter toute idée d'exception.

b) Bien qu'on puisse prétendre que le métayage soit précisément exclusif des *fermages*, les mots « tout ce qui concerne l'exécution du bail » ont été édictés précisément pour englober toutes les redevances, qu'elles soient en argent ou en nature.

c) La loi sur le métayage, venue si tôt après celle qui nous occupe, aurait dû l'écarter formellement si les raisons de restreindre le privilège du bailleur à métairie n'étaient pas les mêmes qu'au cas de fermage.

d) Enfin, et ce n'est pas selon nous le moindre argument, l'article 11 de la loi du 18 juillet 1889, manifeste la volonté d'un règlement annuel du compte d'exploitation. On veut éviter au métayer le poids d'un arriéré de dettes impossible à solder, et que le maître est en faute de laisser accumuler.

2° Dans une autre doctrine, (Bouisson et Turlin, p. 288), on repousse au contraire la limitation du privilège du bailleur à métairie par application de l'article 1 de la loi du 19 février 1889.

a) La loi du 18 juillet, postérieure à celle du 19 février, ne reproduit pas sa restriction. (On peut répondre à cette objection que le silence de la loi peut s'interpréter en sens contraire).

b) Il résulte des travaux préparatoires, que le législateur n'a entendu limiter les privilèges que pour les fermages. « La restriction, a dit M. Manoury, rapporteur à la Chambre, ne concerne que les sommes dues pour *fermage*, la garantie restant entière pour les *obligations* et *indemnités* résultant du bail ».

Il faut reconnaître que même la prestation colonique, et surtout les avances faites par le propriétaire, les parts à lui revenir dans la vente de récoltes ou de bestiaux, les indemnités à lui dues pour réparations, incendies, dommages-intérêts, etc., en un mot tous les éléments du compte d'exploitation présentent à un plus haut point le caractère d'*obligations* et *d'indemnités* que celui de *fermage.*

Mais si tel a été le désir du législateur, d'excepter de la restriction du privilège ces obligations et indemnités, il convient de reconnaître que l'expression « tout ce qui concerne l'exécution du bail » a été particulièrement malheureuse.

c) On prétend enfin que l'intérêt du métayer ne s'assimile pas avec celui du fermier : le métayer trouve dans le propriétaire un bailleur de fonds naturel, le fermier au contraire a besoin de crédit à l'égard de tous.

Il est en effet impossible de comparer les deux cas.

Les dispositions de l'article 2102, permettent en effet aux créanciers de désintéresser le propriétaire des années à échoir, et de refaire ensuite leur profit des baux et fermages.

Mais l'article 1763, prohibant toute sous-location, les créanciers d'un métayer ne pourront agir de cette façon. Leur situation est évidemment bien moins bonne que celle du créancier d'un preneur à bail.

Le métayer ne doit donc guère compter que sur son propriétaire pour lui avancer des fonds.

Il ne convient pas de s'exagérer l'importance de cette controverse ; quel que soit le système admis, on a un résultat commun : les avances faites par le propriétaire sont conservées par le privilège, lors même qu'elles dateraient de plus de deux ans.

L'intérêt de la discussion devient donc bien minime, les avances formant en général l'élément prédominant des comptes d'exploitation. Nous savons qu'il est rare de voir le métayer vendre les récoltes à charge d'en rendre au maître ce qui lui est dû, l'usage général réserve en effet au maître la vente des bestiaux, et la vente des céréales se traite d'habitude directement avec les marchands.

Les réparations, locations et indemnités ne se trouveront généralement dues qu'à l'expiration du bail, et privilégiées ainsi quelle que soit l'opinion suivie.

On voit donc qu'en résumé l'importance pratique de cette controverse, est restreinte à un cas bien rare, celui où le propriétaire aura laissé s'accumuler pendant plusieurs années, entre les mains du métayer le prix de sa propre part de récoltes.

S'il voit son privilège restreint le propriétaire n'a-t-il pas à se plaindre de sa propre négligence ?

§ 4. — Rang occupé

Bien que privilégié, le propriétaire peut se trouver en concours avec d'autres créanciers sur les objets affectés à son privilège.

Ces créanciers, sont désignés au § 4 de l'article 2102 1°, et sont préférés au propriétaire pour :

1° Les sommes dues pour les semences et les frais de la récolte de l'année, sur le prix de la récolte.

2° Celles dues pour ustensiles, sur les prix de ces ustensiles, que le bail ait ou non date certaine.

1° *Semences.*

Il faut supposer qu'un tiers a vendu au colon des semences qui ne lui ont pas été payées. Il peut en réclamer une moitié au propriétaire, et pour l'autre moitié il viendra en concours avec lui sur le prix de la récolte, et lui sera préféré.

2° *Frais de la récolte.*

Le soin que prend le Code de distinguer semence et frais de la récolte prouve que le privilège établi ne s'applique pas à tous les travaux faits en vue de la récolte. Ne seraient donc pas privilégiés, les vendeurs d'engrais ; cette solution a été admise par la Cour de cassation, 9 novembre 1857.

On étend donc seulement ce privilège aux dépenses de moisson, battage, et mise en grange.

Qui peut se prévaloir de ce privilège ?

a) Évidemment les ouvriers loués spécialement pour cet opération, soit à la tâche, soit à la journée, moissonneurs et batteurs.

b) La question a été controversée pour les domestiques au mois ou à l'année.

On leur a refusé le bénéfice du § 4 de l'article 2102, sous prétexte qu'il serait difficile de déterminer leur gain lors des semailles et des moissons, et qu'en tous cas ce privilège ferait double emploi avec le privilège général que leur accorde l'article 2101, 4°.

L'opinion contraire a néanmoins prévalu ; il est juste que ces domestiques priment le propriétaire qui a profité de leur travail, de plus le privilège de l'article 2102 prime les privilèges généraux sauf les frais de justice. Ces considérations ont autorisé la Cour de Cassation à déclarer, par arrêt du 18 juin 1889, les domestiques agricoles fondés à se prévaloir des dispositions de l'article 2102, 1° § 4, mais seulement si les salaires réclamés sont relatifs aux semence ou travaux de l'année courante.

3° *Ustensiles.*

Ce privilège accordé au vendeur ou conservateur d'ustensiles ne s'applique que sur les objets existant encore en nature, et sur le seul prix de l'objet vendu ou réparé.

Il convient de remarquer qu'il y a là un véritable privilège, qui conserve son effet même après le dessaisissement, tandis que le conservateur d'objets mobiliers n'a qu'un droit de rétention : s'il se dessaisit, il est primé par le bailleur sur le prix de l'objet conservé.

En résumé, d'après la jurisprudence, le privilège du bailleur est *primé* :

par le privilège des frais de justice article 2101, 1° ;

par le privilège du semeur et frais de récoltes, 2102, 1° § 4 ;

par le privilège du trésor sur les meubles du métayer pour les contributions directes.

Il *prime au contraire* :

Le privilège du conservateur ou réparateur d'objets mobiliers.

Le privilège du vendeur d'effets mobiliers non payés.

Le privilège du gagiste, aubergiste, voiturier, commissionnaire, dépouillés de leur gage, (a. 2102, 2° et suivants).

SECTION IV

MOYENS D'ACTION DU BAILLEUR

Le bailleur impayé peut poursuivre son débiteur soit par les moyens de droit commun, soit par des procédures spéciales.

S'il a titre exécutoire, il a, comme tout créancier muni d'un tel titre, le droit de faire pratiquer la saisie-exécution et la vente des meubles du preneur.

Mais s'il n'a pas titre exécutoire, il serait obligé de prendre jugement contre le preneur avant de pouvoir le saisir, ce qui donnerait au sous-débiteur la faculté de se rendre insolvable. En ce cas, la loi vient au secours du bailleur et lui permet de pratiquer une saisie-gagerie. (C. pr. C. 819 et suiv.) ou une saisie-revendicaton (C. pr. C. 826 et suiv.) ou même une saisie-brandon (C. pr. C. 626, et suiv.).

§ 1er — **Saisie-gagerie.**

L'article 819 du Code de procédure civile donne aux propriétaires et principaux locataires de maisons ou biens ruraux, soit qu'il y ait bail, soit qu'il n'y en ait pas, le droit de, « un jour après le commandement et sans permission du juge, faire saisir-gager pour loyers et fermages échus, les effets et fruits étant dans les dites maisons ou bâtiments ruraux et sur les terres ».

Ils peuvent même faire saisir-gager, sans commandement, en vertu d'une ordonnance rendue sur simple requête par le Président du Tribunal.

Le mot commandement doit être pris dans son sens large de mise en demeure, car au sens strict on ne peut faire commandement qu'en vertu d'un titre exécutoire et la saisie-gagerie peut être pratiquée sans un titre de cette nature.

On a quelque peu contesté au bailleur à métayage le droit de saisir-gager. Cette opinion n'est guère défendable vu la généralité des termes de l'article 819, *propriétaires*, et l'article 3 de la loi du 25 mai 1838 a consacré ce droit du bailleur à métayage en indiquant comment le juge de paix se reconnaîtra compétent en matière de saisie-gagerie s'il s'agit de baux à colons partiaires.

Cette saisie ne doit toutefois être ni intempestive ni vexatoire ni pratiquée sans raisons suffisantes. Il y aurait en ce cas lieu d'attribuer au colon lésé des dommages-intérêts.

Un arrêt de la Cour d'Alger du 25 juin 1878, a même été jusqu'à décider que « les avances faites par un pro-« priétaire à son métayer ne seraient exigibles qu'après que « le métayer, par la vente de ses fruits, se serait procuré les « ressources nécessaires au remboursement ».

Il y a là selon nous une décision susceptible de créer un

précédent fâcheux. — Sans doute les tribunaux ont, en bien des cas, le devoir de rendre meilleure la situation du débiteur en lui accordant terme et délai, mais il y a une corrélation établie trop arbitrairement entre les avances faites et la vente de la récolte.

La Cour a pu entendre qu'il fallait donner au métayer un délai raisonnable pour vendre sa récolte, passé lequel délai il serait fait droit à la demande du propriétaire, mais les termes de l'arrêt précité sont équivoques et permettraient à un colon mal intentionné de se soustraire pendant longtemps aux justes réclamations du propriétaire en reculant sans cesse la vente de sa récolte.

Le propriétaire a-t-il le droit de saisie-gager la récolte avant le partage ?

Cette question a été fort controversée. Les uns déclarent nulle une saisie-gagerie ainsi pratiquée comme contraire aux dispositions de l'article 2205, qui défend aux créanciers personnels d'un co-héritier de mettre en vente sa part indivise dans les immeubles d'une succession, avant d'avoir provoqué un partage ou une licitation à laquelle ils ont le droit d'intervenir.

Les autres, au contraire, estiment qu'il n'y a pas lieu d'étendre ces dispositions en dehors des questions immobilières, et qu'il est admis en jurisprudence que le créancier d'un co-propriétaire de meubles a le droit de pratiquer une saisie sur les meubles indivis à titre conservatoire.

Mais, tout en reconnaissant ce droit, un arrêt de la Cour de Cassation du 29 mars 1887 restreint le droit du propriétaire à la saisie, et lui interdit tant que dure l'indivision de continuer les poursuites et de faire vendre

Cette solution, inspirée par l'article 608 du Code de procédure civile, nous paraît contestable. L'article 608 a pour but de protéger les droits d'un *tiers*, le co-propriétaire, qui peut être lésé par la saisie pratiquée à la requête du créancier de son co-propriétaire. En l'espèce, le *tiers* et le *créancier saisissant* ne font qu'un, le propriétaire, et l'article 608 nous semble par le fait même sans application.

La saisie-gagerie est un acte conservatoire, elle n'autorise pas en effet à vendre les objets saisis. Il faut pour cela que cette saisie soit validée par un jugement ordonnant la vente, aussi cette voie d'exécution n'est elle suivie que par les bailleurs non munis de titre exécutoire, les autres pouvant suivre la procédure plus simple et plus rapide de la saisie-exécution.

§ 2. — **Saisie-revendication.**

Elle peut être pratiquée sur les meubles garnissant la métairie lorsqu'ils ont été déplacés sans le consentement du bailleur, si celui-ci les revendique dans les 40 jours du déplacement, délai imparti pour les fermiers. On avait prétendu, par application de l'article 2280, que le propriétaire qui exerçait cette revendication, devait rembourser au tiers le prix de son acquisition, si elle avait eu lieu soit au marché, soit en vente publique, soit d'un marchand vendant des choses semblables.

Mais la Cour de Cassation, par deux arrêts du 30 octobre 1888 et du 10 juillet 1889, décida qu'il n'y avait aucune analogie entre la revendication exercée en vertu de l'article 2279 et celle exercée conformément à l'article 2102; que leur but, leurs délais étaient absolument distincts; que le propriétaire qui revendiquait dans les 40 jours un objet détourné n'était dans *aucun* cas tenu de rembourser le prix d'acquisition au tiers acquéreur.

La loi du 11 juillet 1892 n'a pas adopté cette solution, et place le bailleur revendicant dans la même position que le propriétaire de choses perdues ou volées.

Nous n'avons pas à insister sur les choses susceptibles d'être saisies, nous les avons examinées en analysant les objets soumis au privilège du bailleur.

Saisie-brandon.

Cette saisie pratiquée sur la récolte pendante par racines, ou sur les fruits non recueillis, est réglée par les articles 626 et suiv. du Code de pr. civile.

Elle est, de sa nature, praticable par le propriétaire à l'encontre de son métayer, mais elle nécessite un titre exécutoire, un commandement en vertu dudit titre fait 24 heures avant la saisie, enfin elle ne peut être pratiquée que pendant les 6 semaines qui précèdent la maturité de la récolte. Toutes ces conditions la rendent donc assez peu employée.

§ 3. — Concours de saisies.

Lorsqu'un colon se trouve dans une situation obérée, il est rare que plusieurs créanciers saisissants ne se trouvent pas en concours.

Si le propriétaire a été devancé par un créancier plus diligent qui a procédé à une saisie-exécution, celle-ci suit son cours, mais le propriétaire est payé par préférence sur le prix de la vente.

Une saisie-gagerie du propriétaire ne met pas obstacle à une saisie-exécution pratiquée par un créancier.

Enfin, même après une première saisie-exécution, les autres créanciers conservent le droit de saisir. Mais, conformément à l'article 611, l'huissier saisissant en second, procède au récolement des objets sur procès-verbal, saisit les objets oubliés, et fait sommation au premier saisissant de vendre dans la huitaine.

Ce procès-verbal de récolement vaut opposition.

De plus, faute de vente dans la huitaine, et après sommation faite au premier saisissant, le deuxième saisissant est subrogé de plein droit dans les poursuites de vente.

§ 4. — Exceptions à l'article 592 C. pr. C.

L'article 592 déclare insaisissables :

1° Les objets que la loi déclare immeubles par destination.

2° Le coucher nécessaire des saisis, ceux de leurs enfants vivant avec eux, les habits dont les saisis sont vêtus et couverts.

3° Les livres relatifs à la profession du saisi jusqu'à somme de 300 francs à son choix.

4° Les machines et instruments servant à la profession du saisi, etc.

L'article 593 déclare que, sauf ceux compris dans le § 2, tous ces objets peuvent être saisis pour fermages et moissons des terres à la culture desquelles ils sont employés.

CHAPITRE VII

DROITS DU COLON

Nous n'avons pas à insister de nouveau sur le droit principal du colon, le partage des fruits. En examinant ce partage par rapport au propriétaire, nous avons par celà même établi les droits du métayer, égaux sur ce point à ceux du propriétaire.

Nous avons vu également, qu'en échange de la prestation colonique et des menues faisances, le propriétaire concédait généralement au métayer, en sus des locaux d'habitation, le droit exclusif aux produits du jardin, et le prélèvement nécessaire à son entretien et à celui de sa famille sur les produits de la laiterie et la récolte des pommes de terre.

Enfin, nous avons à l'occasion des droits et devoirs du propriétaire, examiné déjà les droits et devoirs corrélatifs du métayer.

Il existe malheureusement un point où la loi n'a pas maintenu un équilibre désirable entre les intérêts des deux parties. Nous avons pu constater les nombreuses garanties accordées par la loi aux créances du propriétaire ; tout en admettant que par sa situation même celui-ci soit le bailleur de fonds désigné du métayer, on ne peut s'empêcher de reconnaître que celui-ci se trouve désarmé s'il devient, par occasion, créancier de son propriétaire.

Et cette supposition n'a rien d'invraisemblable, un propriétaire, poussé par de pressants besoins d'argent, peut encaisser le produit de ventes communes, sans que le métayer, par crainte révérentielle ou confiance légitime lui en demande compte. En présence d'une déconfiture subite quelle sera la position du métayer ? Sans doute il prélèvera sa part de récoltes ; il opposera même le bénéfice du droit de rétention pour retenir l'excédent du cheptel, mais il n'aura sur la part revenant au propriétaire aucun privilège ; peut être lui accordera-t-on celui du conservateur d'un gage, art. 2102 § 30, ou même celui relatif aux semences et frais de la récolte, mais cette solution peut être contestée, et ce recours peut ne pas assurer au colon le recouvrevrement d'une créance supérieure.

En 1888, M. Rérolle constatait « que quelques auteurs avaient soutenu, assez timidement, il est vrai, que le colon devrait avoir un privilège pour le remboursement de ses avances » et il reconnaissait que l'état actuel de la législation ne permettait pas de lui accorder ce privilège. Depuis cette époque, la loi de 1889 a été promulguée, et il est regrettable qu'elle ne se soit pas inspirée de ces réclamations peut-être « trop timides ». La loi doit sa protection aux faibles, même en vue d'éventualités peu fréquentes, et il aurait été facile de s'inspirer de l'article 1958 du Code italien « Privilège spécial est donné pour les créances dépendant du bail de métairie ou à colonage partiaire tant en faveur du bailleur que du colon sur leur portion respective des fruits et sur les meubles dont sont garnis le fonds et la métairie. »

DISSOLUTION DU CONTRAT

Le contrat de métayage, comme toutes les conventions peut prendre fin par l'accord des parties. Nous n'avons pas à insister sur cette première cause de dissolution du métayage.

Nous classerons les autres causes suivant l'effet qu'elles produisent sur le contrat, les unes agissant de plein droit, les autres exigeant l'assentiment d'une des parties ou l'autorisation de justice.

Les premières sont l'expiration du terme convenu, la mort du preneur, la perte totale de la chose.

Parmi les autres se trouvent au contraire les congés, l'inexécution des conditions, la résiliation en cas de vente et la perte partielle.

CHAPITRE VIII

CAUSES AGISSANT DE PLEIN DROIT

SECTION I

ARRIVÉE DU TERME

Nous savons que des dispositions de l'article 1er de la loi du 18 juillet 1889, il résulte nettement, qu'un bail à métairie ne peut être fait que « pour un certain temps ».

Tout contrat de métayage a donc un terme ; le terme, d'après le Code, peut être écrit ou non écrit, par ces mots il ne faut pas entendre *constaté ou non* par un écrit, mais bien qu'un bail *écrit* est celui qui a été conclu pour une durée *déterminée*, tandis que le bail *non écrit* n'a pas de *terme fixe*, peu importe qu'il existe ou non un écrit ; la terminologie vicieuse du Code provient de cette observation qu'en général les baux écrits ont un terme déterminé.

L'effet de ces deux sortes de terme est réglé par les articles 1736 et 1737, que l'article 13 de la loi du 18 juillet 1889 déclare applicables au métayage.

1° *Baux écrits.*

C'est-à-dire à terme déterminé.

L'article 1737 décide que le bail cesse de plein droit à l'expiration du terme fixé lorsqu'il a été fait par écrit, sans qu'il soit nécessaire de donner congé.

C'est l'effet de la convention intervenue entre les parties.

Mais supposons que malgré la résolution de son droit le preneur soit laissé en possession : dans ce cas, conformément aux dispositions de l'article 1738 auquel renvoie l'article 13 de la loi de 1889, « il s'opère un nouveau bail dont « l'effet est réglé par l'article relatif aux locations faites sans « écrit ».

C'est ce qu'on appelle la tacite reconduction, que Pothier définissait « non point le précédent bail qui continue, mais « un nouveau bail formé par une nouvelle convention « tacite des parties, lequel succède au précédent ».

En renvoyant à l'article 1738, la loi de 1889 a mis fin sur ce point encore à la querelle entre les partisans de la société et ceux du louage. Ceux-ci admettant la tacite reconduction, ceux-là, appliquant les règles de la société et reconnaissant au maître le droit d'expulser le colon pourvu que ce ne soit pas à contre-temps.

La loi de 1889 a consacré l'emploi fréquent de la tacite reconduction, conséquence de la pratique très répandue des baux annuels.

Comment se forme cette tacite reconduction? La volonté du colon de rester et le consentement du maître à son maintien dans les lieux loués, ne doivent pas être équivoques.

Il y a là une question de fait laissée à l'appréciation des juges, qui décideront si le colon est resté assez longtemps en jouissance et si le maître n'a pu raisonnablement l'ignorer.

Il sera donc prudent de la part d'un propriétaire soucieux d'éviter une tacite reconduction, de signifier à son métayer un congé-avertissement. Le maître pourra dans cas se prévaloir des dispositions de l'article 1739. « Lorsqu'il y a un « congé signifié, le preneur quoiqu'il ait continué la jouissance « ne peut invoquer la tacite reconduction », et le congé n'a pas d'effet sur la fin du bail originaire, il en empêche seulement la reconduction. Le congé-avertissement peut être donné soit avant, soit après le terme échu, pourvu qu'en ce cas il n'y ait pas un temps écoulé suffisamment long pour créer la tacile reconduction, — il peut être donné comme le congé ordinaire de toute manière sauf la difficulté de la preuve.

Il ne faut pas néanmoins prendre à la lettre la disposition de l'article 1739; le propriétaire, après avoir manifesté son intention par un congé, ne peut laisser son métayer longtemps en possession sans manifester ainsi une volonté tacite contradictoire avec le congé. Le métayer, qui après une continuation raisonnable de jouissance, se verrait brusquement expulser en vertu du congé donné pourrait demander des dommages-intérêts en vertu de l'article 1382.

La tacite reconduction dit l'article 1738, constitue un *nouveau bail* : nous tirons de là plusieurs conclusions importantes.

1° La capacité des deux parties doit exister lors de la tacite reconduction.

2° Ce second bail, soumis aux mêmes clauses que le premier n'est pas muni des mêmes sûretés. Il s'est produit comme une sorte de novation. L'article 1740 décide que « la « caution donnée par le bail ne s'étend pas aux obligations « résultant de la prolongation. »

Pothier dit de même que l'hypothèque ne pouvant résulter que d'un acte notarié, d'un jugement ou de la loi, ne peut être produite par simple convention des parties.

Enfin la solidarité doit cesser en cas de tacite reconduction de deux preneurs solidaires. En effet la solidarité ne peut exister qu'en vertu d'une stipulation expresse ou de la loi, ce n'est pas une condition du bail, c'est une sûreté.

Il a été décidé (Cass. 10 janv. 1882) que dans le cas d'un bail de trois, six ou neuf ans, on n'était pas en présence d'un bail de 3 ans prolongé pour deux autres périodes de trois ans par tacite reconduction, mais d'un bail de neuf ans, avec faculté de résiliation après trois ou six ans de bail.

On voit après ce que nous venons de dire l'intérêt de cette décision, les sûretés dans le premier cas tombaient après la troisième année, dans le deuxième cas elle subsistent jusqu'à la neuvième.

Quelles sont les règles du nouveau bail formé par tacite reconduction ? d'après l'article 1738, ce sont celles des baux non écrits.

2° *Baux non écrits.*

L'article 1736 s'appliquera donc tant aux baux conclus sans durée déterminée, qu'aux baux à durée déterminée prolongés par tacite reconduction.

Aux termes de cet article « l'une des parties ne peut « donner congé à l'autre qu'en observant les délais fixés par « l'usage des lieux ». Mais dans ce cas le contrat ne prend pas fin immédiatement, *ipso facto*. Nous étudierons donc cette questions en traitant des causes d'extinction du métayage qui n'agissent pas de plein droit.

SECTION II

MORT DU PRENEUR

La mort du colon met fin de plein droit au bail à métayage. Celle du bailleur au contraire est sans effet sur le contrat.

Ces dispositions de l'article 6 de la loi du 18 juillet 1889, ont mis fin à une longue controverse. Trois systèmes étaient en présence.

1° Les partisans du louage, appliquant les règles de l'article 1742, déclaraient que la mort d'aucune des parties n'avait d'effet sur le bail.

Pour échapper aux conséquences rigoureuses de ce principe, certains jurisconsultes, notamment MM. Aubry et Rau, Duranton, etc., reprenant une opinion de Guy Coquille, décidaient que, lorsque les héritiers du métayer n'offriraient pas de garanties de capacité sérieuses, le propriétaire aurait le droit de demander la résiliation du contrat. Le tribunal civil d'Auxerre adopta cette doctrine dans un jugement du 25 août 1855.

Mais la Cour de Paris infirma ce jugement (21 mai 1856), considérant que les termes absolus de l'article 1742, ne permettaient d'y apporter aucune exception.

2° Les partisans de la société décidaient que le contrat de métayage devait, comme celui de société, être dissous par la mort tant du bailleur que du preneur.

Les adeptes de cette théorie, MM. Troplong et Méplain, ont cependant cherché à établir que néanmoins la mort du bailleur restait sans effet sur le contrat.

Méplain posait ce principe que « la mort d'un associé est « une cause d'expiration de la société lorsqu'elle a été for- « mée *respectu personarum*, mais que cette règle peut « fléchir lorsque la société a été formée *respectu negotii* ». Et il en tirait cette conséquence : « sous ce rapport le bail à « métairie présente une double face, car le maître s'associe « au colon *respectu personæ*, tandis que le colon s'asso- « cie à l'exploitation *respectu negotii*, il faut donc décider « que le décès du colon donne lieu à la résolution du con- « trat qui se maintient au contraire nonobstant le décès du « maître ».

Partant d'une idée inexacte, le métayage constitutif de société, Méplain était obligé pour arriver à cette conséquence, juste d'ailleurs, d'avoir recours à des arguments spécieux, et de soutenir, contrairement à l'évidence, que le métayer ne tenait pas compte de la personnalité du bailleur.

3° Enfin, dans une troisième opinion, en tenant compte de la nature mixte du contrat de métayage on établissait une différence entre les obligations du propriétaire et du colon, et on prétendait que le colon ne pouvant en vertu de l'article 1763 transmettre son bail entre vifs, il eut été étonnant d'autoriser cette transmission après décès.

C'est cette solution qu'a consacré l'article 6 de la loi de 1889. La mort du colon met fin de plein droit au contrat de métayage. Ce n'est pas à dire que ce contrat cesse brutalement, l'article 6 décrète en effet que la jouissance des héritiers cessera à l'époque consacrée par l'usage des lieux pour l'expiration des baux annuels.

Jusque là le bail continue et l'obligation de cultiver passe à la charge des héritiers.

Le bailleur est intéressé à voir la culture continuée jusqu'à la fin de la récolte, les héritiers du colon ont intérêt à recueillir les fruits du travail de leur auteur.

Il n'est pas contesté que l'effet de la mort du preneur ne produise la résolution de *plein droit* ; à défaut de textes exprès, les travaux préparatoires en font foi, et M. Million constate notamment dans son rapport à la Chambre, « la « résiliation du contrat de plein droit ne met aucun obstacle à ce qu'un nouveau traité intervienne si les parties « sont d'accord pour le former ».

Il est donc inutile de se demander si le propriétaire a droit d'expulser la veuve et les enfants du métayer avant l'expiration des délais accordés par l'article 174 du Code de Procédure Civile. La veuve et les enfants n'ont pas de parti à prendre sur un droit personnel au *de cujus* et éteint avec lui. Le propriétaire peut, dans la limite de l'article 6, c'est-à-dire après le terme en usage pour les baux annuels, reprendre les lieux loués sans attendre les 3 mois et 40 jours prévus à l'article 174.

L'article 6 décide formellement que la mort du bailleur ne met pas fin au contrat. Sans doute les profits du métayer dépendent surtout de la qualité du domaine et de ses soins de culture, mais il faut reconnaître qu'il entre dans l'engagement du métayer une grande part de considérations personnelles. Tel a contracté avec un maître connu pour ses capacités et son caractère agréable, qui n'aurait pas consenti à devenir le subordonné de l'héritier, incapable ou difficultueux, qui prendra la place du bailleur. Peut-être cette considération aurait-elle dû faire accorder au métayer le droit de demander la résiliation du bail en cas de mort du bailleur ?

SECTION III

PERTE TOTALE

L'article 8, § 1° décide que « si pendant la durée du bail « les objets qui y sont compris sont détruits en totalité par « cas fortuit, le bail est résilié de plein droit ».

On retrouve cette disposition au titre du louage, article 1741 du Code civil.

Les deux obligations corrélatives du bailleur et du preneur se trouvent par le fait de la perte totale manquer d'objet, le contrat manquant d'un de ses éléments d'existence tombe de plein droit.

La perte totale peut être causée soit par la faute d'une partie, cas très rare, soit par cas fortuit. Des deux façons, le contrat cesse, mais la faute d'une partie rend recevable la demande de dommages-intérêts que peut former l'autre partie en vertu de l'article 1382.

Le cas fortuit, au contraire rend toute action impossible.

Il importe de remarquer que la perte totale de la chose est un cas bien rare, et qu'elle peut difficilement être causée par une des parties.

On peut citer comme exemple les ravages d'un tremblement de terre, ou les incursions de la mer ou des cours d'eau.

A ces cas on a assimilé l'expropriation pour cause d'utilité publique ; dans cette hypothèse le propriétaire est indemnisé, mais le métayer peut lui même recevoir des dommages-intérêts personnels. (Loi du 3 mai 1841.)

Enfin un jugement du Tribunal civil de Marseille du 29 août 1873, et un arrêt de la Cour d'Aix du 27 mai 1875 ont décidé que la destruction des vignobles par le phyloxéra pouvait être considérée comme une perte totale de la chose louée entraînant la résiliation du bail, alors même que le preneur aurait pris à sa charge la destruction des récoltes par cas fortuits et imprévus.

La perte partielle ne rendant pas le contrat nul de plein droit, rentre dans les causes d'extinction nécessitant l'intervention de la justice dont nous allons nous occuper.

CHAPITRE IX

CAUSES N'AGISSANT PAS DE PLEIN DROIT

SECTION I

CONGÉ

Nous avons vu, à l'occasion du terme et des baux écrits, que le congé était nécessaire pour faire cesser :

Les baux non écrits,

Les baux écrits renouvelés par tacite reconduction.

C'est ce que décident les articles 1736 et 1737, auquels renvoie l'article 13 de la loi du 18 juillet 1889.

Le congé est la manifestation de la volonté d'une des parties de mettre fin au contrat. Bien que l'article 1134 exige pour la révocation des Conventions le consentement mutuel, on suppose qu'elles se sont accordé réciproquement le droit de le faire cesser en ne fixant pas un terme à l'avance.

Formes. — Ce congé, qui peut être donné soit par le bailleur, soit par le preneur, est une déclaration unilatérale qui n'a pas besoin d'être acceptée.

La loi n'a pas prescrit de formes, il suffit, dit la Cour de Cassation « qu'il soit incontestablement venu en temps « utile aux mains et à la connaissance du preneur ». (3 mai 1865).

Il peut donc être donné verbalement, ou par lettre missive, ou par huissier, sauf la difficulté de la preuve du congé.

A défaut d'un accusé de réception formel, il sera prudent, en cas de congé, de le faire donner par huissier, on évitera par là toute discussion sur l'existence du congé en cas de dénégation.

Nombre d'auteurs enseignent en effet que même au dessous de 150 francs la preuve testimoniale du congé ne peut être administrée, et qu'on doit lui adapter les règles prescrites pour la preuve du bail, par les articles 1715 et 1710.

Nous avons protesté à l'occasion de la forme et de la preuve du contrat de métayage contre cette solution admise par la jurisprudence, les articles 1715 et 1716 n'étant pas au nombre de ceux cités à la loi de juillet 1880.

Le congé par huissier, faisant preuve jusqu'à inscription de faux, évitera toute discussion. Il suit même de la liberté de forme laissée au congé, qu'un acte d'huissier, nul pour vice de forme, peut être valable en tant que congé, il suffit qu'il soit constant que le congé a été donné et reçu.

La nécessité de donner congé et la façon dont il doit être donné se rattachent intimement à la question de la durée des baux non écrits, question qui avant la loi de 1889 était diversement résolue.

Les partisans de la société considéraient les baux non écrits comme faits pour un temps indéterminé ; ils reconnaissaient à chaque partie le droit de mettre fin au bail à toute époque, pourvu que ce ne soit pas à contre temps (article 1369) c'est-à-dire tous les ans conformément à l'usage des lieux (art. 1836).

Les partisans du louage au contraire, appliquaient les articles 1774, 1775 et suivants et décidaient en conséquence.

1° Que le bail non écrit d'un pré, d'une vigne ou d'un autre fonds dont les fruits se recueillent en entier dans le cours de l'année, était fait pour an.

2° Que celui des terres labourables divisées en soles était fait pour autant d'années que de soles.

3° Que ce bail finissait de plein droit à l'expiration de ces délais, *sans congé*.

Cette doctrine souleva de vives protestations, M. Million fit ressortir à la Chambre l'inconvénient qu'il y aurait à lier un propriétaire à un métayer par un immuable rotation des cultures pour un temps trop long.

La Chambre raya ces articles ; le Sénat, sur le rapport de M. Peaudecerf souscrivit à cette radiation.

C'est donc après mûre délibération que ces articles ne figurent pas parmi ceux auxquels renvoie la loi de 1869, et il est incontestable actuellement que les baux non écrits, ou renouvelés par tacite reconduction sont *annuels*.

Quelques questions peuvent être également soulevées lorsqu'il s'agit de preneurs ou de bailleurs conjoints ou solidaires. Mais il suffit d'appliquer les principes généraux pour en donner la solution.

C'est ainsi que, s'il y a plusieurs co-propriétaires, le congé doit être donné par tous ; il peut être valablement donné par l'un d'eux, s'il est ratifié ultérieurement, ou s'il est donné avec le consentement des autres.

En cas de dissentiment, le congé est considéré comme un ordre contradictoire et sans effet. S'il y a plusieurs copreneurs : s'ils sont solidaires, le congé donné à l'un d'eux est valable pour tous ; s'ils sont conjoints, non.

Si les co-preneurs donnent congé.

S'ils sont solidaires, il faut l'accord de tous.

S'ils sont conjoints, le congé donné par l'un d'eux est valable pour lui, et même pour les co-preneurs, car le maître ne peut être tenu de laisser continuer une exploitation consentie *intuitu personæ*.

Délais.

La loi s'en rapporte à l'usage des lieux, c'est dire que les délais du congé varient extrêmement. On constate que dans la Haute-Vienne, le congé peut être donné moins de quinze jours avant le terme. En général, le congé doit être donné trois mois avant le terme, et souvent en cas de baux écrits, six mois avant. Le métayer peut négliger sa culture, mais on a le temps de lui chercher un successeur.

L'usage le plus répandu est de ne pas comprendre le jour de congé dans les trois mois ou les six mois de délai.

Le congé doit être, en général, supporté par celui qui le

signifie, à moins qu'il ne suive une sommation de payer le reliquat du compte d'administration.

Il est soumis depuis la loi du 28 avril 1893 à un droit fixe d'enregistrement de 2 fr. 50 décimes compris.

SECTION II

RÉSILIATION EN CAS DE VENTE

La résolution des droits du bailleur sur la chose louée, ou son aliénation ne font pas en principe tomber les droits des preneurs.

Le bail est opposable à l'acquéreur, sauf dans deux cas, par exception.

1° Si le bail n'a pas date certaine antérieure à l'aliénation.

2° S'il contient pour l'acquéreur la faculté de résilier en cas de vente.

1° *Bail sans date certaine.*

Cette disposition de la loi a été édictée par crainte de la fraude.

Si le preneur n'est pas entré en jouissance, l'acquéreur peut s'y refuser sans être tenu à quoi que ce soit. Le preneur peut se retourner contre son bailleur, s'il a subi un préjudice, en vertu de l'article 1382.

Si le preneur est entré en jouissance, la situation de l'acquéreur est plus délicate, il est hors de doute qu'il n'est pas tenu de respecter le bail sans date certaine, même s'il en a eu connaissance lors de l'acquisition. L'article 1743 est formel.

D'après une opinion soutenue par M. Laurent, l'acquéreur peut procéder à l'expulsion immédiate et sans congé d'un preneur avec lequel il n'a aucun lien de droit.

D'après la majorité des auteurs, il convient de réformer es conséquences rigoureuses de cette théorie. Il convient de rapprocher des articles 1743 et 1748, les dispositions prises par la loi, lorsqu'après un congé donné, le maître laisse le métayer en possession. Sans doute, un congé n'est pas exigé, mais les juges ont le devoir de protéger le preneur et de diminuer, dans la mesure du possible, en lui accordant un délai, les préjudices que lui cause l'expulsion par l'acquéreur.

2° *Clause de résiliation.*

Le bail ne peut également être opposé à l'acquéreur, s'il contient une clause où il a été stipulé par le bailleur, qu'en cas de vente, l'acquéreur aurait le droit de résiliation.

Nous supposons évidemment, après ce qui vient d'être dit, qu'il s'agit d'un bail ayant date certaine.

Conformément à l'article 7 de la loi de 1889, l'acquéreur est admis à provoquer la résiliation d'un tel bail, en vertu de la clause y insérée et sous la condition d'un congé.

Cet article 6 reproduit en partie les dispositions de l'article 1748, mais ne donne pas un an comme délai de congé comme l'article 1748, § 2. Il suffit de suivre l'usage des lieux.

Il n'y a d'ailleurs pas égalité de situation dans ce cas entre le preneur à bail et le preneur à métayage.

1° Il n'a pas droit à une indemnité fixée conformément à l'article 1746 au tiers du prix.

2° Il lui sera alloué, non le coût de ses impenses extrordinaires, mais le profit qu'il aurait pu en retirer pendant le reste du bail.

En effet, le métayage n'admettant pas de prix, le tiers du prix n'a pas de raison d'être, et M. Million a dit à la Chambre pour justifier cette différence de situation « qu'il n'était « astreint ni aux mêmes avances, ni aux mêmes risques « que le fermier à prix d'argent ». C'est le bailleur qui est redevable de cette indemnité au métayer, et ce dernier a deux moyens d'obtenir satisfaction.

1° Soit en attaquant le bailleur personnellement.

2° Soit en exerçant un droit de rétention, en vertu de l'article 7 de la loi de 1889, et en refusant de vider les lieux loués jusqu'à parfait paiement de son indemnité par l'acquéreur, sauf recours de celui-ci contre le bailleur.

L'article 1751 protège le preneur contre les prétentions d'un acquéreur non définitif, et décide qu'un acheteur à réméré ne peut profiter de la clause de résiliation qu'après expiration du délai de réméré.

SECTION III

PERTE PARTIELLE

Cette cause de résiliation du contrat de métayage est bien plus fréquente que la perte totale, en effet; les suites d'une inondation, un incendie, une expropriation de terres, une épizootie peuvent rendre résiliable un contrat de métayage.

En pareil cas, un fermier à prix d'argent peut en vertu de l'article 1728 demander soit une diminution du fermage, soit la résiliation du bail. Le métayer ne peut prendre que ce dernier parti ; mais il pouvait, en vertu de l'article 1720 forcer son propriétaire à faire les réparations nécessaires.

L'article 8 de la loi de 1889 a autorisé le bailleur à se refuser à faire les réparations, et reconnu aux deux parties le droit de demander la resiliation,

Il faut insister sur le mot *perte partielle*, qui a été choisi pour désigner un dommage d'importance considérable demandant une mise de fonds suffisante pour faire hésiter le propriétaire.

Que celui-ci soit ou non indemnisé de sa perte, il peut se refuser à faire les réparations.

S'il y a demande de résiliation il faut distinguer si cette demande est formée par le bailleur ou par le preneur. L'article 8 dispose, en effet, que « si la résiliation est pro- « noncée à la requête du bailleur, le juge appréciera « l'indemnité qui pourrait être due au preneur conformé- « ment au deuxième paragraphe de l'article 7 ».

Il résulte donc de cette disposition que le preneur n'a droit à aucune indemnité s'il provoque la résiliation du bail.

C'est contre cette conséquence qu'ont protesté de nombreux auteurs. Dans le cas où le bail est résilié sur sa demande le colon n'a droit à aucuns dommages-intérêts, qnelles que soient les dépenses par lui faites sur le domaine. C'est à lui de choisir entre deux partis, rester, ou demander la résiliation. Il est libre d'opter et de se décider pour la solution conforme à ses intérêts.

Mais cette liberté n'est que théorique, en fait le maître peut profiter des dispositions de l'article 8 pour se refuser à des réparations ou à des réfections indispensables à la continuation du contrat, et qui en rendent l'exercice tellement difficile et onéreux au métayer que celui-ci préfère en finir et abandonner le fruit de ses dépenses antérieures.

Le métayer a donc bien le choix, mais entre deux pertes, et on peut reprocher à la loi de 1899 de l'avoir laissé en si mauvaise situation. Surtout après l'observation faite au Sénat par M. Laborde « si vous voulez que le contrat prospère, « c'est à condition de respecter l'équilibre des droits et des « intérêts ».

SECTION IV

INEXÉCUTION DES CONDITIONS.

L'article 1184 sous entend la condition résolutoire dans toute condition synallagmatique. Les obligations de chaque partie étant corrélatives, l'inexécution des engagements de l'une d'entre elles autorise l'autre à demander la résiliation du contrat.

Appliquant ces principes au bail l'article 1766 dispose que

« en général si le preneur n'exécute pas les clauses du « bail et qu'il en résulte un dommage pour le bailleur, celui-« ci peut, suivant les circonstances, faire résilier le bail ; en « cas de résiliation provenant du fait du preneur, celui-ci « est tenu des dommages-intérêts ainsi qu'il est dit en l'ar-« ticle 1764 ».

La loi de 1889 renvoie à l'article 1766, et nous pouvons à ce propos faire observer qu'aucun article du Code ne renforce au profit du preneur les dispositions de l'article 1184, comme l'article 1766 le fait en faveur du bailleur. Il est vrai que le droit du preneur à demander la résiliation du bail et des dommages-intérêts ressort suffisamment des articles 1184 et 1382.

Cette cause de résolution du contrat, inexécution des conditions, présente une grande différence d'avec celles que nous avions étudiées jusqu'ici : les unes opéraient de plein droit, les autres exigeaient l'intervention d'une partie, mais après cette intervention agissaient d'elles-mêmes ; nous rencontrons ici un nouvel élément ; l'intervention de la justice.

C'est en effet aux juges à décider après l'exposé des griefs du demandeur, s'il convient de résilier le bail ou seulement d'accorder une réparation précuniaire. Cette solution est admise dans tous les cas, et le tribunal conserve son pouvoir d'appréciation même dans l'hypothèse spécialement prévue par l'article 1763, sous-location par un métayer.

Cette liberté d'appréciation subsiste même au cas de pacte commissoire, clause résolutoire expresse. Il faut supposer que les parties ont stipulé que ce pacte commissoire aurait *effet de plein droit et sans intervention de justice*, en ce cas le tribunal devra seulement apprécier s'il y a eu ou ou non un manquement au pacte commissoire, et en cas d'infraction prononce la résiliation demandée.

Dans le contrat qui nous occupe, une des causes de résiliation la plus fréquente est la mésintelligence grave existant entre les parties. Il a été jugé (Grenoble 20 mars 1863, Agen 25 novembre 1885, 25 octobre 1888) qu'un dissentiment grave, empêchant le fonctionnement utile de l'association, pouvait motiver la rupture du contrat.

Ces arrêts faisaient application au colonat des articles 1854, 1859, 1871 régissant le contrat de société. De nombreux auteurs, en particulier les partisans du louage, ont protesté non contre la solution, mais contre les motifs de cette jurisprudence. Ils ont fait observer que les dissentiments entre maître et métayer provenaient d'une inexécution de conditions. Ou bien le maître se plaint du colon et soutient que celui-ci ne respecte pas son droit de direction. (art. 5). Ou bien le colon se plaint du maître qu'il accuse de le troubler par son fait personnel (art. 3). Il y a dans les deux cas, une inexécution des conventions sur laquelle les juges auront à statuer par application des articles 1184 et 1766.

Celles des parties dont les griefs ne seront pas reconnus fondés sera condamné aux dépens et même le cas échéant à des dommages-intérêts.

S'il y a torts réciproques, les juges décideront en conséquence. Ils devront en tous cas se souvenir que, si les contrats ne doivent pas être rompus pour des causes futiles, il ne peut rien résulter d'utile et de profitable d'une association dont les liens sont maintenus contre le gré des parties, par autorité de justice.

CHAPITRE X

RÈGLEMENTS ET CONTESTATIONS

SECTION I

RÈGLEMENTS

Nous avons adopté les dispositions données par MM. Bouissou et Turlin aux matières de ce chapitre où se trouvent ainsi groupées les diverses règles de procédure relatives aux litiges soulevés par le contrat de métayage. Il nous a semblé préférable d'étudier seulement ici le règlement annuel d'exploitation et ses règles particulières, bien que ce règlement, aux termes de l'article 11 de la loi du 18 septembre 1889, puisse être exigé chaque année, et constitue ainsi un droit et une obligation des parties.

§ 1er. — Règlement annuel.

L'article 11 § 1er, est ainsi conçu : « chacune des parties « peut demander le règlement annuel du compte d'exploi- « tation ». Cette disposition sanctionne un usage habituel à tous les pays de métayage qui permet aux parties de vérifier chaque année les résultats de l'exploitation et les stimule dans leurs efforts. Ce règlement annuel empêche le métayer de se laisser écraser sous le poids d'avances exagérées et facilite ainsi la liquidation finale qui se trouve déchargée d'autant. Les divers articles de ce compte comprennent les ventes et achats de bestiaux, de denrées, les avances faites, les prestations dues, et enfin les indemnités exigibles. Sur ce compte, peuvent figurer les impenses nécessaires faites par le métayer pour la conservation de la chose, les autres impenses ne pouvant être liquidées qu'en fin de bail.

Il est de coutume que les grains se partagent en nature au battage, mais que pendant tout le courant de l'année le maître conserve le produit des ventes, sauf acomptes versés, à charge de payer toutes les dépenses.

Le maître a donc la charge de tenir le livre d'opérations, que le colon en principe doit tenir en double ; mais le défaut d'instruction du colon rend généralement impossible cette tenue en double. Les ventes et achats ayant été faits dans l'année, le colon pourra néanmoins contrôler de mémoire les mentions du registre.

Cette comptabilité n'est pas obligatoire, la loi mentionne ces registre comme moyen de preuve, elle n'en fait pas une condition nécessaire du contrat, pas plus d'ailleurs que des règlements de compte annuels. Cette disposition n'est pas d'intérêt public, et les parties peuvent fixer pour le compte des intervalles plus proches ou plus éloignés.

§ 2. — Règlement final

A la sortie du métayer a lieu un règlement général, une véritable liquidation, qui donne souvent lieu à des contestations.

Au reliquat, souvent en souffrance du compte annuel d'exploitation, viendront en effet, s'ajouter les indemnités dues par le preneur pour réparations locatives.

Le bailleur pourra être redevable de certaines améliorations.

Il y aura lieu de faire estimer le cheptel et inventorier les pailles et fourrages laissés par le métayer.

Enfin, si la cessation du contrat ne s'opère pas dans de bons termes, les parties pourront à ce moment se réclamer réciproquement des indemnités pour manquement à leurs obligations.

Autant de questions souvent épineuses qui devront suivant les cas être tranchées par les tribunaux ou les experts.

Une des questions sur lesquelles les tribunaux ont eu le plus souvent à se prononcer, est l'indemnité due au métayer pour impenses et améliorations.

Cette question est assez complexe. En effet, la loi de 1889 a adopté un règlement spécial dans trois cas.

1° Fn du bail causé par la mort du colon (art. 6).

2° Vente du domaine (art. 7).

3° Perte partielle (art. 8).

Ces trois cas sont régis par les dispositions suivantes de l'article 7.

a) Indemnité allouée pour toute dépense extraordinaire, qu'elle soit nécessaire, utile ou simplement voluptuaire.

b) Indemnité calculée sur le profit que le colon aurait tiré de sa dépense pendant le reste du bail.

Mais alors, quelle indemnité touchera le colon, si la résiliation n'est causée par aucun des trois cas prévus aux articles précités ?

On ne peut raisonnablement dénier le droit à indemnité et déclarer limitative cette énumération.

D'un autre côté, on ne peut juridiquement étendre une disposition exceptionnelle en dehors des cas spécialement prévus par la loi.

Un seul parti nous reste. L'indemnité sera réglée, pour ces trois cas conformément à l'article 7 de la loi de 1889, et en dehors de ces trois cas conformément au droit commun.

Quelles sont donc les règles du droit commun ?

Il faut d'abord distinguer les améliorations des impenses nécessaires. Celles-ci ont un caractère urgent et conservatoire. Elles peuvent être répétées avant la fin du bail par le colon qui agit en qualité de gérant d'affaires. Les améliorations, même nécessaires, ne peuvent être l'objet d'une répétition qu'en fin de bail.

On distingue, en général, trois sortes d'améliorations :

1° Les améliorations *nécessaires*, que le propriétaire aurait dû faire tôt ou tard, nécessairement. Ce caractère de nécessité permet au preneur de se faire rembourser les sommes qu'il a payées de ce chef.

2° Les améliorations *utiles*, qui, sans être d'absolue nécessité, augmentent la valeur du domaine.

3° Les améliorations *voluptuaires* qui augmentent plutôt l'agrément que l'utilité du domaine.

Dans ces trois cas, bien que les opinions soient très partagées, une nombreuse jurisprudence décide qu'il y a lieu d'appliquer la règle de l'article 555.

« Lorsque les plantations, constructions et ouvrages, « ont été faits par un tiers et avec ses matériaux, le pro- « priétaire a le droit, ou de les retenir, ou de forcer le tiers « à les enlever. »

Si le propriétaire opte pour l'enlèvement, il y est procédé aux frais du locataire sans indemnité.

Si le propriétaire préfère conserver les améliorations, il doit rembourser le prix des matériaux et de la main-d'œuvre. Un arrêt récent de la Cour de Cassation du 22 janvier 1894, a statué en ce sens au sujet de constructions édifiées par le locataire d'une maison.

Un autre arrêt de la Cour de Cassation du 11 janvier 1887, nous donne enfin une régle applicable dans tous les cas non prévus à l'article 555. Cet article ne prévoit que les constructions, plantations et ouvrages. Malgré le sens général de ce dernier mot, il avait semblé que diverses améliorations, notamment culturales, ne pouvaient être visées à l'article en question.

La Cour de cassation a autorisé l'emploi dans tous ces

cas non prévus, de l'action *de in rem verso*, action existant à défaut d'autre spéciale, et sanctionnant ce principe d'équité que nul ne peut s'enrichir aux dépens d'autrui. Le preneur peut donc répéter contre son bailleur jusqu'à concurrence de son enrichissement.

Cette question des indemnités dues au métayer pour améliorations est donc soumise à trois règles :

1° Loi de 1889, article 7, pour les cas de dissolution visés aux articles 6, 7 et 8.

2° Article 555 du Code civil pour tous les autres cas de dissolution.

3° Action *de in rem verso* pour toutes améliorations non visées à l'article 555.

Il est inutile d'insister sur l'avantage qu'offrait une règle unique sur cette réglementation trop variée, et il est permis d'adresser au législateur de 1889 le reproche de ne pas y avoir pourvu.

Son secours même se tourne contre le métayer qu'il aurait voulu protéger ; la règle spéciale de l'article 7 embrassant toute dépense extraordinaire du métayer, mais limitant l'indemnité au profit à naître pendant le *reste du bail*, aboutit à un quantum ridicule dans le cas si habituel des baux annuels ou continués par tacite reconduction. La règle du droit commun serait en ce cas bien plus avantageuse pour le bailleur.

Il est vrai que tout ceci sont difficultés de doctrine. Les choses en pratique sont généralement moins compliquées. Il est très rare que le métayer prenne sans être d'accord avec le propriétaire, l'initiative d'une amélioration importante sujette à indemnité. Le propriétaire sera généralement le bailleur des fonds nécessaires pour y parvenir, et nous sommes obligés de constater que très souvent le propriétaire aura besoin de toute son autorité pour décider le métayer à exécuter une amélioration dont il n'a pas à supporter les frais.

Enfin les parties peuvent déterminer d'avance au bail, les bases du règlement final et décider que les améliorations faites ne seront l'objet d'aucune indemnité, quitte à faire au cours du bail des conventions spéciales aux dépenses à engager.

SECTION II

CONTESTATIONS

§ 1. — Entre parties

a) *Référés.*

En cas d'urgence, et lorsqu'il s'agit de mesures provisoires, les parties peuvent employer la juridiction des référés. Mais il faut pour cela s'adresser au Tribunal civil de l'arrondissement, et des plaideurs habitant souvent à de grandes distances perdront le principal avantage de cette procédure, la rapidité.

De plus, statuant par délégation du Tribunal civil, le juge des référés ne peut connaître des contestations ressortissant au juge de paix. Celui ci peut en cas d'urgence, conformément à l'article 6 du Code de procédure civile, donner une cédule permettant d'assigner d'heure à heure.

Pour les cas les plus fréquents où interviendra une ordonnance de référé on peut citer les malfaçons ou le refus d'exécution par le métayer des travaux de culture, le refus par le propriétaire de réparations urgentes et nécessaires, les expertises en cas d'accidents, d'incendie, etc., les expulsions sur congé valable ou bail authentique.

b) Tribunal civil.

C'est la juridiction de droit commun, C'est donc elle qui connaîtra dès que le juge de paix, juge spécial, ne sera plus compétent.

c) Justice de paix.

La compétence des justices de paix a été réglée par la loi du 25 mai 1838, loi modifiée par des lois postérieurs, notamment celles du 20 mai 1864, du 2 mai 1855 et, en ce qui concerne particulièrement le métayage par la loi du 18 juillet 1889.

Nous passerons donc rapidement sur les dispositions générales édictées par la loi de 1855 et nons insisterons davantage sur celles de la loi de 1889.

A. Compétence ratione materiae

Dispositions générales. Loi de 1838

Article 1er. — Les juges de paix connaissent de toutes

actions purement personnelles et mobilières en dernier ressort jusqu'à la valeur de 100 fr. et à charge d'appel jusqu'à la valeur de 200 francs.

Le contrat de métayage ne crée entre les parties que des droits personnels, les actions en dérivant seront donc en principe de la compétence du juge de paix.

Loi du 2 mai 1855, modifiant la loi de 1838

Article 3. — Les juges de paix connaissent sans appel jusqu'à 100 francs ; à charge d'appel à quelque valeur que la demande puisse s'élever :

Des actions en paiement de loyer ou fermages ;

Des congés ;

Des demandes en résiliation de baux fondés sur le défaut de paiement de loyers ou fermages ;

Des expulsions de lieux et des demandes en validité de saisie-gagerie :

Le tout lorsque les locations verbales ou par écrit n'excèdent pas 400 francs.....

Si le prix principal du bail consiste en prestations non appréciables d'après les mercuriales, ou s'il s'agit de *baux à colons partiaires,* le juge de paix déterminera la compétence en prenant pour base du revenu de la propriété le principal de la contribution foncière de l'année courant, multiplié par 5.

Bien que la solution soit contestée, on admet généralement la compétence du juge de paix dans les limites ci-dessus fixées, pour connaître de la résiliation d'un bail à colonat partiaire pour défaut de règlement du compte annuel d'exploitation.

Il ne pourrait en tous cas connaître de la résiliation pour toute autre cause.

Article 4. — Les juges de paix connaissent sans appel jusqu'à 100 francs ; à charge d'appel jusqu'à la compétence du ressort du Tribunal civil, soit 1.500 francs :

1° Des indemnités réclamées par le locataire ou fermier pour non-jouissance provenant du fait du propriétaire, lorsque le droit à une indemnité n'est pas contesté.

2° Des dégradations et pertes dans les cas prévus par les articles 1732 et 1735 du Code civil.

En cas d'incendie ou d'inondation jusqu'à 200 francs d'indemnité.

Article 5. — Le juge de paix est compétent.

Sans appel jusqu'à 100 francs,

A charge d'appel sans limite maximum dans les cas suivants auquels peut donner lieu le contrat de métayage :

1° Actions pour dommages faits aux champs, fruits et récoltes soit par l'homme, soit par les animaux, pour élagage des arbres, haies, pour curage des fossés, des canaux d'irigation ou de force motrice.

Lorsque les droits de propriété ou de servitude ne sont pas constestés.

2° Réparations locatives des maisons ou fermes mises par la loi à la charge du locataire.

3° Contestations relatives aux engagements respectifs du

gens de travail au jour, au mois ou à l'année et de ceux qui les emploient — des maîtres et domestiques ou gens de services à gages.

Les réparations locatives sont comprises dans l'énumération de l'article 5 et non dans les dégradations et pertes citées à l'article 4.

Le juge de paix est donc compétent sur une demande de plus de 1500 francs pour réparations locatives. Il ne le serait pas s'il s'agissait de perte ou de dégradation autre que locative.

Tels sont les principes de la compétence des juges de paix apppliqués au contrat de métayage.

L'article 11 de la loi du 18 juillet 1889 a modifié sur plusieurs points ces règles générales.

Loi du 18 Juillet 1889.

Les §§ 2 et 3 de cet article 11 sont ainsi conçus : « Le juge de paix prononce sur les difficultés relatives aux articles du compte, lorsque les obligations résultant du contrat ne sont pas contestées, sans appel lorsque l'objet de la contestation ne dépasse pas le taux de sa compétence générale en dernier ressort et à charge d'appel à quelque somme qu'il puisse s'élever ».

« Le juge statue sur le vu des registres des parties, il peut même admettre la preuve testimoniale s'il le juge convenable ».

Ce texte touche à trois questions.

a) Nature des différents soumis au juge de paix.

b) Étendue de leur compétence.

c) Modes de preuve admis.

a) *Nature des différents.*

L'article 11 établit une différence formelle entre le principe même de l'obligation et ses conséquences. Si le principe est admis, le juge peut connaître des contestations relatives aux conséquences, mais à cette condition seulement.

Le juge n'aura donc jamais à se prononcer sur une question d'existence ou d'inexistence du contrat, mais sur une question de chiffres.

Nous retrouvons d'ailleurs cette disposition à l'article 5 de la loi de 1838, d'après lequel le juge de paix n'est compétent sur les actions pour dommages aux champs etc., que si les droits de propriété et de servitude ne sont pas contestés.

On a voulu éviter ainsi au juge de paix d'avoir à se prononcer sur des questions de droit pur souvent fort ardues.

Les mots « lorsque les obligations du contrat ne sont pas contestées ont un double sens, » il y a une double condition à la compétence du juge de paix.

1° Que les obligations ne soient pas contestées.

2° Que les obligations proviennent dn contrat.

Le tribunal d'Agen (26 juin 1891) a donc justement décidé que les contestations soulevées par les accusations de malfaçon, d'inculture, de privation de jouissance, en général, les actions pour inexécution des conditions ne peuvent être soumises aux juges de paix. Elles ne résultent pas du contrat, mais de sa violation ou de son exécution.

Il ne faut pas cependant tirer argument de cette solution pour refuser au juge de paix le droit de statuer sur le cas ou la loi lui en donne expressément le pouvoir, même s'il s'agit d'inexécution des conditions. Il faut notamment, en vertu de l'article 5 de la loi de 1838 reconnaître que les questions de reparations locatives sont sans limite de la compétence du juge de paix.

Une interprétation s'impose également au sujet du laps de temps compris dans le compte soumis au juge. Celui-ci ne peut-il statuer que sur le compte de l'année courante, ou peut-il connaître d'un compte remontant à plusieurs années? Un arrêt de la Cour d'Alger du 8 septembre 1891 semble fort sagement trancher la question « Attendu dit-il, que le législateur a eu pour but de faciliter les règlements de compte « entre le colon et le bailleur,.... que la loi a évidemment « voulu donner au juge de paix le droit de statuer sur les « difficultés qui peuvent s'élever sur toute la durée du bail « à colonat et que si législateur a indiqué que le réglement « de compte de l'exploitation pouvait être demandé chaque « année c'est uniquement pour fixer les droits des parties « à cet égard ».

b) Étendue (taux) de la compétence.

Bien qu'il semble difficile de discuter le taux de la compétence, tel qu'il est établi à l'article 11, et bien qu'en fait la jurisprudence n'ait pas été saisie de la question, la rédaction de cet article a été bien discutée lors des divers vote du projet de loi.

En 1880, le Sénat avait adopté un texte fixant à 100 fr. le taux de la compétence sans appel, et ne donnant pas de limite à la compétence en premier ressort.

Huit ans après, la Chambre modifia cette rédaction. Il était question d'élever la compétence du juge de paix, que l'on trouvait trop restreinte, et une commission, dont l'œuvre n'a pas encore abouti, avait été nommée à cet effet ;on adopta donc la rédaction actuelle.

M. de Casabianca demanda alors au ministre de l'Agriculture et au rapporteur, M. Clément, si cette rédaction ne changeait pas les règles ordinaires de la compétence des juges de paix.

Malgré les réponses négatives faites par le Ministre et le Rapporteur, réponses suscitées par le désir de voir aboutir leur projet de loi, l'objection de M. de Casabianca était fondée. Il y avait là une nouvelle règle de compétence empruntée aux articles 1er et 3, 5 et 7, de la loi de 1838.

Comme dans ces articles la compétence en premier ressort est indéfinie.

Mais, comme dans l'article 1er, la compétence en premier ressort est fixé à 100 fr. sans qu'il soit question du *prix du bail*. La règle de l'article 3 est spéciale aux cas prévus à cet article : peu importera donc que le bail soit de plus de 400 fr. ou moins, dans tous les autres cas le montant seul de la demande déterminera la compétence, en dernier ressort jusqu'à 100 fr., en premier ressort quel que soit le chiffre reclamé.

c) Modes de preuve admis.

La troisième modification apportée aux principes généraux par l'article 11 est relative à 'administration de la preuve.

Il résulte du § 3 de l'article 11 que le juge peut avoir recours, aux *registres des parties* et même à *la preuve testimoniale*.

Ce sont les deux exceptions aux règles du droit commun.

1° *Registres*. Les registres ne font pas en général titre pour celui qui les a écrits. On peut seulement dans certains cas les invoquer contre lui. Telle est la règle de l'article 1331. L'article 11 y déroge donc absolument

La loi laisse au juge tout pouvoir d'appréciation, mais l'importance qu'offrira en cas de litige une comptabilité bien réglée est un puissant mobile pour les parties, à tenir exactement leurs registres

Il ne résulte pas du texte de la loi que le juge de paix ne puisse prononcer que sur le vu des livres des deux parties. Il peut prononcer en l'absence d'une double constatation si le registre qui lui est présenté semble mériter créance. Mais il se défiera à juste titre de livres tenus sans ordre ou portant des surcharges et des ratures. Au reste, même en cas de livres tenus irréprochablement la loi lui indique un moyen de preuve subsidiaire, la *preuve testimoniale*.

2o *Preuve testimoniale*.

Nous disons moyen subsidiaire : l'article 11 disait « *et même* la preuve testimoniale ». La loi préfère évidemment la preuve littérale, mais elle a compris qu'on ne pouvait y astreindre les parties sans exagération, dans un contrat où les relations des parties sont quotidiennes, et les mouvements de fonds souvent minines. Elle a donc fait exception au principe de l'article 1341, et la preuve testimoniale pourra être administrée même lorsque la demande est supérieure à 150 fr.

Les termes généraux de l'article 11 permettent de plus d'administrer les preuves littérale et testimoniale comme il vient d'être expliqué, non seulement devant le juge de paix, mais même devant les Tribunaux de première instance et d'appel.

B. — Compétence ratione loci

Devant quel juge de Paix devront être portées les contestations pendant entre les parties ?

La loi de 1889 n'en a rien dit.

Les articles 2 et 59 du Code de procédure civile disposent que la citation et l'assignation doivent être données devant le tribunal du domicile du défendeur, et à défaut de domicile devant le tribunal de la résidence.

C'est l'application de la règle *actor sequitur forum rei.*

L'article 3 dudit Code énumère cependant quelques exceptions qui peuvent se présenter en matière de métayage. S'il s'agit :

De dommages aux champs, fruits et récoltes.

De déplacements de bornes, d'usurpations, d'actions possessoires.

De réparations locatives.

D'indemnités prétendues par le fermier pour non-jouissance, si le droit n'est pas contesté, et de dégradations alléguées par le propriétaire ; dans tous ces cas le tribunal compétent est celui de la situation de l'immeuble. En effet, l'instruction du procès peut exiger une descente sur les lieux, et demander la connaissance des usages locaux.

La loi ne renfermant pas d'autres dispositions spéciales, que décider en cas de contestations sortant de celles prévues à l'article 3 du Code de procédure civile par exemple en matière de règlement de compte ?

1° Les partisans de la société, continuant l'ancienne querelle, décident que le Tribunal de la situation de l'immeuble, siège social, doit être saisi de la question.

2° Les partisans du louage, au contraire, appliquent la règle génerale de l'article 2, *actor sequitur forum rei.* —

3° Enfin, une théorie modérée, prenant un terme moyen entre ces deux extrêmes, décide qu'il y a lieu de suivre les usages. Selon que le colonat sera considéré dans le pays comme une société ou un louage, le tribunal de la situation de l'immeuble ou celui du domicile du défendeur seront compétents. C'est le sens d'un arrêt de la Cour de Limoges du 30 avril 1894.

Aucun de ces systèmes ne saurait nous convenir.

Le premier part d'un principe faux.

Le second aboutit à des résultats contraires au vœu de la loi. Ces raisons sont les mêmes en matière de métayage, que dans les cas prévus à l'article 3 du Code de procédure civile : que deviennent avec cette solution, les désirs de célérité et d'économie exprimés par le législateur ?

Quelle garantie offrira, au point de vue de la connaissance des usages locaux, un tribunal souvent très éloigné ?

Sans doute ce cas ne se produira que lorsque le propriétaire sera poursuivi par le colon, et on a prétendu que le propriétaire n'habitait que rarement loin de son domaine. C'est une pure affirmation. Le colon trouve dans l'application de cette règle une difficulté de plus en cas de poursuites contre un propriétaire indélicat, qui souvent peut habiter très loin.

Sans doute, cette théorie a pour elle la lettre de la loi, à coup sûr elle n'en a pas l'esprit, elle va contre cet esprit même.

L'opinion de la Cour de Limoges ne peut se soutenir davantage au point de vue juridique. On peut aussi bien lui objecter la règle *actor* et, de plus, il est dangereux de recourir à l'usage des lieux. C'est une base d'appréciation trop instable que le Sénat a repoussée avec un amendement de M. de Gavardie. D'ailleurs que décider s'il n'y a pas usage des lieux, si le conflit s'élève entre un colon et un propriétaire qui a voulu faire un essai de métayage d'un pays où ce contrat n'est pas usité ?

Il faut sans doute regretter que la loi de 1889 ne se soit pas prononcée catégoriquement. Là encore, le législateur n'a pas fait œuvre complète, mais il nous semble que la jurisprudence ne pourrait être blâmée de se conformer à la volonté implicite de la loi de 1889.

Les parties ont, il est vrai, la faculté de trancher la question d'avance en faisant dans le bail une élection de domicile attributive de juridiction, mais en cas de baux verbaux on ne peut évidemment pas user de cette ressource.

§ 2 – Contestations avec les tiers.

Nous avons jusqu'ici supposé que le litige n'était pendant qu'entre les parties. Mais l'administration extérieure du domaine met le bailleur et le preneur en relation avec des tiers. De ces relations peuvent résulter des contestations. Quels principes régissent les droits respectifs de ces tiers et des parties avec lesquelles ils ont contracté ?

Nous avons établi, en plusieurs endroits déjà, que les parties ne se représentaient pas réciproquement et traitaient en leur nom particulier. Maître et colon ne répondent que de leur fait et de leur faute personnels. — Cette solution doit être également admise s'il s'agit de créances ou de dettes.

1° Lorsque le maître et le colon deviennent créanciers conjoints, par exemple en cas de dommages-intérêts pour dégâts commis par un tiers, chacun ne peut poursuivre le tiers que pour sa part et portion.

Toute solution contraire ne peut s'appuyer sur aucun argument de texte.

2° Quels sont les droits des tiers qui ont contracté avec une partie, à l'égard de l'autre partie ?

M. Rérolle est d'avis que la partie qui n'a pas traité est responsable vis-à-vis du tiers de sa portion de dette.

Ce résultat, (contraire d'ailleurs aux dispositions de l'article 1165, aux termes duquel les conventions n'ont pas d'effet à l'égard des tiers) est expliqué soit par l'idée de mandat ou de gestion d'affaires.

Mais, selon nous, si le mandat peut être tacitement accepté, il doit être donné expressément, et dans ce cas la question ne se pose pas. Si le maître n'a pas donné ordre il ne peut être responsable.

De même, la gestion d'affaires ne peut être indiquée que dans des cas bien nettement déterminés, s'il s'agit d'impenses nécessaires, ou si le maître a connu les agissements du colon, ou les a ratifiés. Dans ces cas de gestion d'affaires, les créanciers du colon ont une action contre le maître, mais, dans toute autre hypothèse, en vertu de quel texte agiraient-ils?

Les partisans de la société, allant plus loin encore, ont invoqué l'article 1864 aux termes duquel un associé engage ses co-associé, s'il a reçu les pouvoirs nécessaires. Mais l'article 1862 déclare que cet engagement ne sera valable que si l'associé contractant à le pouvoir de le faire.

Rien ici n'autorise une telle supposition, un maître n'a jamais conféré ce pouvoir à son métayer.

Et ce raisonnement répose encore tout entier sur ce principe que le métayage est une société.

Le principe rejeté, la théorie s'écroule.

Il faut donc rester dans le droit commun et décider que, sauf les cas où le métayer agit en qualité de mandataire ou de gérant d'affaires — cas déterminés par la loi — les obligations contractées par lui n'engageront pas le propriétaire, c'est la conséquence nécessaire de l'article 1165.

Mais il faut bien s'entendre à ce sujet. Nous refusons aux tiers une action personnelle contre le propriétaire, nous ne leur dénions pas le moyen de se faire rembourser.

Indépendamment du droit de saisir-arrêter entre les mains du bailleur les reliquats de compte dûs à leur débiteur, ou les parts de récoltes indivises, les créanciers du métayer ont au cas de mandat et de gestion d'affaire une action directe contre le propriétaire (art. 1998 et 1376 Code civil).

Enfin, dans tous les cas où le propriétaire se sera enrichi aux dépens de leur débiteur, les créanciers pourront exercer contre lui, l'action de *in rem verso*, du chef du métayer, par subrogation, en vertu des dispositions de l'art. 1166.

SECTION III

PRESCRIPTION

L'article 12 établit une prescription spéciale au contrat de métayage. Il décide que « toute action résultant du bail « à colonat partiaire se prescrit par cinq ans, à partir de la « sortie du colon ».

« Les loyer et fermages, disait M. Clément au Sénat, se « prescrivent par cinq ans aux termes de l'article 2277, « la prescription de trente ans restait seule applicable en « matière de bail à portion de fruits. L'article 12 fait cesser « cet état de choses ».

Mais cet article fait plus encore. Il présente en effet plusieurs différences avec l'article 2277.

1° La prescription de l'article 2277 est successive et part de l'exigibilité de chaque terme, elle court donc pendant la durée du bail.

La prescription de l'article 12 a une date unique, la sortie du colon, et ne court donc pas pendant le bail.

2° Seuls, sont prescrits en vertu de l'article 2277 les *les loyers et fermages* échus depuis plus de cinq ans ; les droits du propriétaire pour avances ou indemnités ne se prescrivent donc que par trente ans.

Les termes généraux de l'article 12, au contraire, font tomber sous le coup de la prescription quinquennale, toutes les actions résultant du bail à colonat partiaire, c'est-à-dire obligation de rendre compte, action en remboursement d'avances et en dommages-intérêts.

Seules ne peuvent être rangées sous ce titre les actions civiles en réparation d'un délit pénal ou civil. Il n'y a pas action résultant du bail, donc cette action, ne se prescrira que par trente ans.

3° On peut encore faire observer que le fermier, seul, aura à se prévaloir de la prescription établie par l'article 2277, tandis que le propriétaire comme le métayer pourra invoquer la prescription de l'article 12.

Le motif du législateur en édictant cette disposition spéciale a été de hâter l'apurement du compte d'entre les parties; que décider si, dans les cinq ans de la sortie, a eu lieu un règlement de compte non suivi de paiement?

Le droit commun nous indique la solution : y a-t-il eu ou non novation ?

Cette novation (art. 1273) doit résulter clairement de l'acte et suppose un changement quelconque.

S'il y a eu simplement confirmation des droits du créancier, il n'y pas eu novation et la prescription quinquennale opère la libération du débiteur.

Si au contraire la nature de l'obligation change. Si ce reliquat est laissé au colon à titre de prêt, il y a novation, et la prescription trentenaire seule libèrera le débiteur.

CHAPITRE XI

DROIT FISCAL

L'enregistrement perçoit un droit à propos du contrat de métayage dans trois cas différents :

Lors de la formation du contrat.

Lors des cessions de bail.

Lors des résiliations de bail.

SECTION I

BAUX

Quelle que soit l'opinion admise en jurisprudence sur la nature du métayage, l'administration de l'enregistrement n'a pas cessé, jusqu'à la loi du 23 août 1871, de voir dans le métayage un bail.

L'article 15 de la loi du 22 frimaire an VII, était conçu en termes si généraux, que toute hésitation était impossible. La règle relative aux baux à part de fruits se trouvait placée dans cet article entre celle particulière aux baux à prix fixe payables en nature, et celle qui s'occupait des baux dont le prix consistait en objets non susceptibles d'être évalués par les mercuriales. Au regard de la loi de frimaire, le bail à métayage donnait, comme tout autre, lieu à la perception du droit.

La quotité de ce droit fut d'abord fixée par l'article 69, § 3, 2° de la loi du 22 frimaire an VII, à 1 fr. 0/0 sur le montant des premières années, et à 0 fr. 25 0/0 sur le montant des autres. La loi du 27 ventôse, an IX, article 8, réduisit ce droit à 0 fr. 75 0/0 sur le montant des deux premières années, et à 0 fr. 20 0/0 sur celui des suivantes. Enfin, l'article 1er de la loi du 16 juin 1824, réduisit la perception à 0 fr. 20 0/0 sur le total de toutes les années de bail cumulées : c'est le droit actuellement perçu. Mais il faut y ajouter en outre deux décimes et demi, ce qui porte la perception totale à 0 fr. 25 0/0.

Sur quelles bases doit être opérée cette perception ? L'article 15 de la loi de frimaire, an VII, décide très nettement : « Si le bail est stipulé payable en nature, il en sera fait une « évaluation d'après les dernières mercuriales du canton « de la situation des biens à la date de l'acte, à l'appui « duquel il sera rapporté un extrait certifié des mercu- « riales. Il en sera de même des baux à portion de fruits « pour la part revenant au bailleur dont la quotité sera « préalablement déclarée, et sur la valeur de laquelle le « droit sera perçu... »

Ce texte établit donc :

Que le droit est calculé sur le montant de la part du propriétaire.

Que ce montant doit être déclaré par les parties et estimé suivant les dernières mercuriales du canton au jour de l'acte.

En pratique, le droit d'enregistrement se calcule de la façon suivante :

Les parties font une évaluation moyenne du revenu du domaine et du cheptel, dont la moitié revient au propriétaire. A cette moitié on ajoute les profits accessoires évalués au cours des mercuriales et la prestation colonique. Sur le montant de cette déclaration, multiplié par le nombre d'années à courir, l'enregistrement percevra le droit de 0 fr. 25 0/0. D. C.

En cas de déclaration notoirement insuffisante, l'administration a le droit d'évaluer les déclarations des parties. Comment est réglée cette évaluation ? L'administration a reconnu (Délibération du 2 octobre 1806) qu'elle ne peut exiger une expertise — car il y a simple transmission de jouissance. — Peut-elle user du moyen d'approximation du prix du bail indiqué par la loi de 1838, pour déterminer la compétence du juge de paix, c'est-à-dire multiplier par 5 le principal de la contribution foncière de l'année ?

De tout ce qui précède, il résulte qne les baux à métayage non faits par écrit ne supportaient aucun droit, les perceptions de l'enregistrement ne s'exerçant qu'à l'occasion de *l'acte* passé entre les parties.

Cette situation dura jusqu'à la loi du 23 août 1871. Les grands besoins d'argent créés par la guerre de 1870-1871, forcèrent le gouvernement à modifier les lois fiscales. L'idée fut adoptée de percevoir un droit sur toutes les locations verbales qui jusque là ne supportaient aucun droit d'enregistrement. On décida donc que les bailleurs seraient contraints de déclarer leurs locations verbales, cette déclaration faite au bureau de la situation de l'immeuble doit porter sur le prix et la durée du bail, qui de cette façon supporterait non un droit d'acte, mais un droit de mutation.

Telles sont les innovations créées par la loi du 23 août 1871, — Etaient-elles applicables au métayage ? — Le rapporteur répondant à la question posée, causa la surprise générale en déclarant « que le colonat étant considéré en doctrine et « en jurisprudence pour l'application des lois fiscales comme « une association entre le propriétaire et le colon, par « suite les dispositions de la présente loi ne lui sont pas « applicables ».

Il est inutile d'insister sur toute l'inexactitude que renfermait cette déclaration, la loi n'en fut pas moins votée dans le même esprit et l'administration de l'Enregistrement accepta cette interprétation ; comme dans le passé, il n'était pas obligatoire de faire la déclaration des métayages verbaux.

Mais après le vote de la loi de 28 février 1872, l'administration de l'enregistrement émit d'autres prétentions.

Les articles 1 et 2 déterminaient que les actes de formation de société devaient être soumis à un droit, calculé sur le montant net des apports mobiliers et immobiliers, d'une façon graduelle, de 5 francs pour 5.000 francs et au-dessous ; de

10 francs, de 5.000 à 10.000 francs ; de 20 francs, de 10.000 à 20.000 francs et de 20 francs en sus par 20.000 francs ou fraction de 20.000 francs.

C'est ce droit, souvent bien plus avantageux, que l'administration voulut percevoir, en raison de la déclaration du rapporteur de la loi de 1872, sur tous les contrats écrits de métayage et non le droit de bail prescrit par l'article 15 de la loi de frimaire, an VII. Le tribunal de Brives consacra même cette prétention par un jugement du 12 août 1873.

Mais dans un arrêt du 8 juillet 1873, la Cour de de cassation repoussa en termes formels la prétention de l'enregistrement. Cet arrêt constatait que la loi de frimaire, an VII, avait nomménent soumis le contrat de métayage à un droit déterminé et qu'on ne pouvait, en l'absence d'aucun texte formel, appliquer à ce contrat d'autres règles que celles édictés par la loi, et que l'affirmation émise par le législateur de 1871 sur les locations verbales n'a pu modifier les dispositions antérieures sur les locations en général.

Cet arrêt a donc maintenu la perception du droit de bail.

Quelle est donc, actuellement la situation des parties vis-à-vis du fisc ? Il faut distinguer si le bail est écrit ou verbal.

Bail écrit.

Il peut être :

a) Soit notarié, et doit être enregistré dans les dix jours de sa date, si le notaire réside dans la commune du bureau, sinon dans les quinze jours et au bureau du canton.

b) Soit sous-seings privés et doit alors être enregistré dans les trois mois de sa date et dans tout bureau.

La sanction de ces délais consiste en un droit en sus de 50 fr. au moins, soit 62 fr. 50, décimes compris.

Si la déclaration est faite en temps utile, l'enregistrement perçoit un droit de 0 fr. 25 pour 0/0, décimes compris, sur le montant de la part du propriétaire pendant les années cumulées,

Ce droit n'est pas dû au total si le bail peut être fractionné. En cas de bail de trois. six ou neuf ans, le bail peut être enregistré pour trois seulement, quitte à payer en temps utile deux nouveaux droits pour trois ans ; Ce fractionnement, qui est de droit, résulte d'une disposition de la loi du 23 août 1871, abrogeant une disposition contraire de la loi de frimaire an VII.

Baux verbaux.

Il résulte de ce que nous avons dit plus haut que ces baux ne sont sujets à aucun droit, mais néanmoins l'administration décide que, même en cas de métayage verbal, il y a lieu d'appliquer les règles de la loi du 23 août 1871, si le bailleur peut exiger, en plus de la moitié des fruits une prestation colonique ou en nature, œufs, volailles, etc.

Le propriétaire doit donc dans ce cas déclarer son bail, et supporter un droit de bail.

Nous ne saurions trop nous élever contre cette prétention de l'enregistrement.

Nous avons déjà établi que la prestation colonique n'est pas *un loyer*, qu'elle a un tout autre caractère, qu'elle représente une part de la fertilité du sol,. et qu'enfin un contrat est indivisible et qu'il y a lieu d'appliquer la règle *accessorium sequitur principale.* On n'est pas à la fois métayer et locataire.

SECTION II

CESSION DU BAIL

La cession du bail peut être consentie soit par le bailleur, soit par le preneur. L'article 1763 ne défend en effet au métayer de sous-louer qu'à défaut d'autorisation du propriétaire. Si celui-ci y consent, le droit du preneur peut faire l'objet d'une cession. Cette cession, transmission de jouissance, est un véritable bail qui sera soumis au droit de 0 fr. 25 0/0 décimes compris.

La question est plus difficile lorsque la cession est consentie par le bailleur. Elle a été résolue de diverses façons.

L'administration de l'enregistrement, considérant la cession des droits du bailleur comme une vente de fruits à recueillir, a voulu percevoir sur la cession de bail par le bailleur le droit de 2 0/0 établi par l'article 69, § 5. 1° de la loi du 22 frimaire an VII. Ce système fut adopté par quelques décisions judiciaires, notamment des jugements du tribunal de Joigny du 3 juillet 1862, et de Montargis du 25 juillet 1878.

La Cour de cassation, dans un arrêt du 30 mai 1888 a repoussé cette prétention. Elle a déclaré que les cessions de bail ne faisaient que mettre les cessionnaires au lieu et place du cédant et que, le bail n'étant soumis qu'au droit de 0 fr. 20 0/0, les cessions qu'on pouvait consentir de ce bail n'étaient pas passibles d'un droit supérieur.

Cet arrêt, rendu en termes formels, fait aujourd'hui jurisprudence. Mais il a semblé que cette solution n'est pas à l'abri de toute critique. L'application des principes conduit en effet les juristes partisans du métayage constitutif de bail à une solution différente au cas de cession par le preneur et de cession par le bailleur.

Dans le premier cas il n'y a que transmission de jouissance, le droit de bail seul doit être perçu.

Mais si le cédant est le bailleur, comme il est à l'égard du preneur dans la situation d'un créancier à terme, la cession doit dans ce cas être soumise au droit de 1 0/0 prévu par l'article 69, § 3, 3° de la loi de frimaire an VII.

L'enregistrement avait bien établi dans son mémoire à l'appui de son pourvoi en cassation, que le cédant possédait une créance à fin de partager les récoltes. Mais il avait eu le tort d'exiger la perception d'un droit supérieur à celui supporté par les « cessions et délégations de créances à terme. »

Pour les partisans du louage, la cession de bail à métayage consentie par le bailleur devrait donc être soumise aux mêmes droits que toute cession de créance.

Nous puisons au contraire dans l'opinion que nous nous sommes faite en étudiant les causes du métayage un argument en faveur de la solution donnée par l'arrêt précité de la Cour de cassation.

Le propriétaire se trouve, d'après nous, dans la situation non d'un créancier à terme, mais d'un propriétaire indivis. C'est son caractère principal : les prestations qu'il peut exiger, même consistant en somme d'argent comme la prestation colonique, ne peuvent transformer ce caractère principal.

Une cession de bail consentie par lui, placera son cessionnaire à ses lieu et place, mais en conservant ce même caractère. Il y a donc là aussi transmission de jouissance et par suite le droit seul de 0 fr. 20 0/0 peut être exigé.

SECTION III

RÉSILIATIONS

Il existe également une discussion sur la nature de la résiliation du bail.

Est-ce une résolution ?

Est-ce une rétrocession ?

Les partisans de la résolution, sans invoquer la rétroactivité, et sans prétendre que la résolution mette les choses au même état que si l'obligation n'avait pas existé, prétendent que le contrat cesse et qu'il n'a plus à être exécuté par suite de l'extinction des obligations.

Les partisans de la rétrocession voient dans la résiliation une rétrocession de jouissance qui n'empêche pas le cours du bail. Le propriétaire est ainsi tout à la fois, propriétaire et cessionnaire de son métayer.

Bien que cette théorie fasse abstraction du principe de la *confusion*, bien même qu'il soit bizarre de voir une même personne responsable vis-à-vis d'elle-même d'obligations de faire, cette doctrine a été consacrée par deux arrêts de la Cour de cassation.

L'enregistrement gagne à cette décision le droit de percevoir le droit de bail de 0 fr. 20 sur les années non écoulées, au lieu d'un droit fixe de 3 francs.

Toutefois, une solution du 2 juillet 1876, prescrit aux receveurs de ne percevoir que le droit fixe lorsque le droit proportionnel lui est supérieur. Celui-ci n'est donc dû que s'il n'atteint pas 3 francs.

Si des indemnités sont dues, il sera perçu un droit de 0 fr. 50 0/0 sur le montant de ces indemnités.

DEUXIÈME PARTIE

Étude économique

CHAPITRE PREMIER

SITUATION ACTUELLE

SECTION I

IMPORTANCE NUMÉRIQUE

Nous avons vu, dans l'aperçu historique du métayage, qu'il était, en 1789, le mode d'amodiation presque universellement usité en France. En 1776, Adam Smith n'évalue qu'au 16e la part occupée par le fermage en France, et en 1784, Arthur Young porte au 7/8 la part de l'exploitation à mi-fruits. En faisant toutes réserves nécessitées par l'imperfection de la statistique d'alors, on peut néanmoins déduire de ces appréciations, confirmées par l'opinion de Turgot, que le métayage était de beaucoup le mode de culture le plus usité.

Il y avait à cela plusieurs raisons : tout d'abord la routine ; de plus l'usage très fréquent du métayage emphythéotique ; enfin le fermage n'était guère favorisé. Dans certaines contrées, les fruits pouvaient être saisis par le créancier saisissant l'immeuble, la taille frappait plus lourdement le fermier que le métayer, enfin la plupart des métayers, n'ayant pas de ressources, ne possédaient pas les fonds suffisants pour prendre un bail à prix d'argent.

La Révolution vint porter un premier coup au métayage, par l'abolition du métayage emphythéotique. Le grand souffle de liberté qui passa sur le pays fit trouver plus insupportables les droits du propriétaire, et le cultivateur chercha à se procurer la liberté d'action qu'il désirait. Les années de prospérité qui suivirent la fin du régime impérial, l'accroissement des voies de communication facilitant la vente des denrées, et surtout le morcellement de la propriété à la suite des ventes de biens nationaux et des acquisitions de la bande noire, entraînèrent les métayers à devenir soit fermiers à prix d'argent, soit petits propriétaires.

Ce mouvement malheureusement devait trouver son écueil dans sa précipitation même. Le prix des terres et leur loyer suivant la loi immuable de l'offre et de la demande atteignirent des prix exagérés. Les acheteurs payèrent trop cher, et durent même emprunter pour payer trop cher. Ruinés d'avance par l'emprunt et les intérêts du prêt, les propriétaires improvisés végétaient quelque temps et se résignaient à vendre le bien acquis au prix de leurs épargnes. Il y avait eu folle enchère.

Si l'on ajoute à cela que nombre de métayers s'étaient lancés dans cette spéculation sans avoir l'instruction nécessaire pour se passer de direction, on comprend facilement comment aurait dû se calmer cet engouement pour la propriété et le fermage.

Mais les propriétaires eux-mêmes avaient prêté la main à l'abandon du métayage ; M. Baudrillard, dans un article paru dans la *Revue des Deux-Mondes* du 1er octobre 1885, a fort bien analysé la crise qu'a traversée le métayage.

De même que les métayers ont déserté la campagne pour les emplois des villes, les propriétaires ont abandonné la régie de leurs domaines pour les places, les distractions et les plaisirs de la capitale, Cette tendance ne s'est pas manifestée seulement chez les grands propriétaires, les moyens et petits propriétaires ont suivi ce mouvement. Chacun n'eut qu'un but, affermer ses terres à prix d'argent, pour se débarraser de la direction de leur culture et trouver à la ville une sinécure bureaucratique dont la prébende s'ajouterait aux termes de fermage ; et malgré les protestations des orateurs, des journalistes, des économistes, les progrès constants du fonctionnarisme sont venus légitimer ces espérances.

Il faut ajouter que les tendances des propriétaires se sont trouvées confirmées par les théories des économistes qui, réagissant contre le métayage, ont comme toute réaction, dépassé le but ; sans chercher si l'ancien mode d'exploitation était perfectible, on affecta de ne considérer que ses défauts pour le condamner sans retour. Enfin on eut le tort, selon M. Baudrillart, de confondre le fermage tel qu'il doit être avec le fermage tel qu'il est — car il y eut des mécomptes — les fermiers qui avaient loué des terres à un taux exagéré, ou sans avances suffisantes, se trouvaient vite dépourvus après plusieurs années médiocres. Quand ils pouvaient éviter la ruine, ils rendaient à leur propriétaire un domaine épuisé jusqu'aux moelles par une culture à outrance, qui ne pouvait trouver preneur qu'au prix d'une grosse diminution de fermage.

Grâce à toutes ces influences, le nombre des métayages diminua donc d'une façon progressive jusque vers 1879-1880. Mais la crise pénible que traverse depuis cette époque notre agriculture nationale, et l'avilissement du prix des denrées ont créé pour le fermage des conditions plus difficiles.

Dans les pays médiocres, où l'extension des cultures accessoires ou de l'élevage n'ont pu venir en aide à l'agriculteur, le fermier a vu fondre peu à peu ses économies, et le propriétaire se trouve enfermé dans ce dilemne : courir de gros risques de n'être pas payé, ou subir dans ses fermages de grosses diminutions. C'est à ce moment que le métayage, tant honni, apparut à grand nombre de propriétaires comme un instrument de salut providentiel. Ce fut pour les uns le moyen de relever un domaine épuisé à la sortie d'un fermier, sans courir tous les risques d'une gestion personnelle. Ce fut pour d'autres un mode de fermage plus sûr, leur permettant de ne pas céder devant la baisse des fermages, et d'attendre des jours meilleurs.

En tous cas la défaveur jetée sur le métayage a cessé, et nous voyons ce contrat se répandre dans des régions où jusque-là, suivant l'expression d'un sénateur, on avait l'honneur et le bonheur de ne pas le connaître.

Sans doute, un grand nombre de propriétaires, aujourd'hui partisans du métayage, ne le considèrent que comme un procédé transitoire, inférieur au fermage, leur permettant d'attendre la hausse des prix avant d'affermer à nouveau leur domaine. Nous verrons dans le chapitre suivant ce qu'il faut penser de cette conception du métayage inférieur au fermage, mais nous devons reconnaître à regret, que le mouvement de reprise du métayage ne peut être de longue durée. Quoi qu'en pensent les partisans les plus décidés de ce mode de faire valoir, il ne doit son regain de faveur qu'à la période de crise agricole que nous traversons. M. Rérolle donne à cette opinion des motifs qui nous semblent très légitimes, et constate très justement que les causes de la diminution du métayage n'ont pas disparu.

Le fonctionnarisme fleurit en paix, et les campagnes se dépeuplent, invinciblement attirées par les villes. En cette fin de siècle, il n'est personne qui, platoniquement d'ailleurs, ne déplore le besoin de jouissance fébrile qui s'est emparé de la société. « Améliorer, embellir le sol qui vous appartient, travailler pour ses enfants, s'emparer d'un temps qu'on ne doit pas voir, agir encore quand on ne sera plus » : programme bien vieux jeu pour nombre de propriétaires, qui ne voient dans leurs domaines que le chef-lieu d'un fief électoral, ou le théâtre de leurs exploits cynégétiques.

A tant de causes morales et sociales de la décroissance du métayage on ne peut opposer qu'un obstacle, la nécessité pour tous, propriétaires et ouvriers du sol, de se défendre contre la crise agricole.

Comme le dit excellemment M. Rérolle, le colonage se généralise aux époques de crise. C'est en suite d'une famine que Joseph l'établit en Égypte. C'est après que la dépréciation des céréales eut ruiné les fermiers que Pline veut l'essayer sur ses domaines. C'est après les maux causés par les guerres de religion, qu'Olivier de Serres en conseille l'emploi.

Nous traversons actuellement une période difficile, les récoltes ont été médiocres et les prix ont baissé ; comme jadis, les meilleurs esprits prônent l'antique, l'éternel remède.

Bastiat, Lecouteux, Baudrillart, après avoir porté sur le métayage de sévères jugements lui ont fait amende honorable. Nous reviendrons sur l'avis de ces savants économistes à l'occasion des avantages du métayage, mais n'est-il pas à craindre que, la crise passée, ne passe également le regain de vie dont s'anime notre contrat ?

Ce rapide exposé de la fortune du métayage à travers le XIXe siècle trouve d'ailleurs sa confirmation dans différentes statistiques.

SECTION II

STATISTIQUE

En 1832, M. de Gasparin estimait que la moitié au moins du territoire était sous le régime du métayage.

Dix ans plus tard, en 1842, M. Lullin de Châteauvieux arrivait, dans la division des exploitations, aux résultats suivants :

Régies directes............	20.000.000	hectares.
Métayages................	14.530.000	—
Fermages.................	8.470.000	—
Superficie totale...........	43.000.000	hectares.

Ce total est confirmé par la statistique officielle de 1873, qui accuse 44.500.000 hectares en comptant une augmentation de 150.000 hectares de défrichements.

En 1860, M. Léonce de Lavergne, dans son économie rurale, constate que le nombre des fermiers est sensiblement égal à celui des métayers. Il indique un chiffre total de 45.000.000 d'hectares.

Les diverses statistiques officielles nous donnent des renseignements fort utiles, mais les résultats de toutes les enquêtes ne sont pas toujours comparables. Deux seulement ont été exécutées sur le même plan, ce sont les statistiques agricoles décennales dressées par ordre du Ministère de l'Agriculture en 1882 et 1892, parues la première en 1885, la deuxième en 1897. D'autres enquêtes ont été faites, dont nous utiliserons les résultats, en 1862 et 1872, mais avant de passer aux chiffres, il convient de faire une observation générale.

Il est très important de ne pas confondre le nombre des exploitants avec celui des exploitations, on arriverait de cette façon à des conclusions extraordinaires. Un fermier, un métayer peuvent être à la fois propriétaire foncier; dans ce cas, un exploitant correspond à deux exploitations. Il en sera de même lorsqu'un propriétaire régit directement plusieurs domaines.

Il ne faut donc pas chercher à établir une concordance entre les chiffres indiqués par les deux sortes de tableaux. Un exemple pris dans la statistique de 1882 nous montre

qu'à............. 4.324.917 régies directes........
correspondent..... 3.525.342 propriétaires..........
Soit un excédent de 799.575 régies directes. Cette différence qui est de près de 800.000, s'explique ainsi que nous l'avons dit plus haut, par la réunion de plusieurs exploitations entre les mains d'un même propriétaire.

L'enquête de 1862 n'a pas fait le relevé des exploitations, elle a seulement fait celui des exploitants.

Nous réunissons dans un seul tableau les chiffres des enquêtes de 1862, 1882, 1892, qui donnent les résultats suivants :

Enquête de	1862	1882	1892
1° *Propriétaires.*			
a) Cultivant exclusivement leurs biens, soit seuls, soit avec autrui.....	1.812.573	2.150.696	2.199.220
b) Cultivant leurs biens. Mais en outre ceux d'autrui comme fermiers..............	648.836	500.144	475.778
c) id. Métayers.........	203.860	147.128	123.297
d) id. Journaliers.......	1.134.490	727.374	588.950
	3.799.759	3.525.342	3.387.245

Enquête de	1862	1882	1892
2° *Non-Propriétaires*			
a) Régisseurs...........	10.215	17.966	16.091
b) Fermiers.............	386 533	468.184	585.623
c) Métayers.............	201.527	194.448	220.871
d) Journaliers..........	869.254	753.312	621.131
e) Domestiques de ferme.	2.095.777	1.954.251	1.832.174
	3.563.306	3.388.162	3 275.890
TOTAL GÉNÉRAL......	7.363.065	6.913.504	6.663.135

Soit, en réunissant les fermiers et métayers non propriétaires à ceux qui sont aussi propriétaires :

	1862	1882	1892
Propriétaires...........	1.812.573	2.150.696	2.199.220
Fermiers..............	1.035.369	968.328	1.061.401
Métayers..............	405.387	341.576	344.168
Chefs d'exploitation.....	3.253.329	3.460.600	3.604.789
Auxiliaires.............	4.109.736	3.452.904	3.058.346
TOTAL ÉGAL.........	7.363.065	6.913.504	6.663.135

L'enquête de 1872 n'ayant pas été faite dans le même esprit que celles de 1862, 82 et 92, nous ne pouvons établir de points de comparaison vraiment concluante.

Nous pouvons cependant comparer les chiffres donnés pour les *exploitations* par les deux enquêtes de 1872 et 1882.

	1872	1882
Régies directes....................	2.826.388	4.324.917
Fermages..........................	831.943	749.559
Métayages.........................	319.450	347.858
TOTAL DES EXPLOITATIONS..........	3.977.781	5.422 334

Il y a une telle différence entre le total des régies directes en 1872 et en 1882, que ce résultat peut être suspecté. Tous les auteurs (Rérolle, p. 228 ; Tourdonnet, p.55), ont néanmoins admis les résultats de cette enquête.

Il est donc permis de conclure de l'examen de ces statistiques que :

De 1862 à 1872, il y a augmentation des régies directes et décroissance du fermage et du métayage.

De 1872 à 1882, le fermage et le métayage s'accroissent de quantités égales.

Enfin de 1882 à 1892, le nombre des métayers s'est accru de 2.592 pour la France entière.

Nous empruntons à la statistique officielle de 1892, les considérations suivantes sur la situation du métayage et ses progrès en France.

« Peu nombreux dans la région du Nord, 26.000 environ, « les métayers se rencontrent en beaucoup plus grand « nombre dans le Centre : 102.000, et surtout dans le Midi : « 168.800, chiffre qui représente les 49 0/0 du total. C'est « dans la partie Ouest du Centre et dans le Sud-Ouest que « l'on rencontre des nombres très élevés : 68.000 et 98.000, « soit 166.000 métayers pour 20 départements. Par dépar- « tement, les chiffres maxima s'élèvent dans le Centre-Ouest « de 10.000 à 12.000, et dans le Sud-Ouest de 10.000 à « 17.000 dans la Dordogne et à 19.500 dans les Landes. « En dehors de ces deux régions deux chiffres sont à men- « tionner. C'est dans le Centre et dans le Sud proprement

« dits : l'Allier avec 17.000 et le Tarn avec 12.300 mé« tayers. »

« Les nombres minima de métayers se relèvent dans la « région du Nord, ils y varient généralement de 100 à 2.000, « exception faite pour 4 départements Bretons et pour la « Sarthe dans lesquels ces nombres s'élèvent de 2.600 à « 4.000 par département. »

« Quinze départements présentent des surfaces totales « dépassant pour chacun 100.000 hectares. Ce sont : Allier, « Basses-Pyrénées, Charente, Dordogne, Haute-Dordogne, « Haute-Vienne, Gironde, Loire-Inférieure, Lot-et-Garonne, « Saône-et-Loire, Tarn, Vendée, Cher, Corse, Gers, Indre, « Mayenne, Vienne. »

« En résumé, tous ces départements appartiennent, en « dehors de deux départements isolés, Mayenne et Saône« et-Loire, à trois groupes situés : l'un au Centre, trois « départements ; l'autre à l'Ouest, cinq départements; et le « dernier enfin plus nombreux au Sud-Ouest, huit dépar« tements. »

Et la statistique officielle, apprécie de la façon suivante le mouvement du métayage de 1882 à 1892.

« Pour les métayers, l'augmentation est insignifiante « pour la France entière, 2.592. Mais elle répond à 8 dimi« nutions ou stagnations contre 39 augmentations, et par « suite, à des mouvements intérieurs beaucoup plus forts. « En diminution de 12.000 environ dans toutes les parties « de la région du Nord, les métayages sont par contre en « augmentation dans le Centre : 4.000, et surtout dans le

« Midi : 11.000 de plus qu'en 1882. Il faut toutefois faire « exception pour le Sud-Est, où ils se trouvent en diminu- « nution. Il est du reste à remarquer que tout l'Est, du « Nord au Sud de la France, ne compte que des diminu- « tions peu considérables mais presque générales. Il y a « lieu de signaler comme présentant des augmentations « élevées, la Haute-Vienne et la Haute-Garonne qui « comptent 4.600 métayers de plus. Les fortes diminutions « se rencontrent dans trois départements du Nord-Ouest : « Côtes-du-Nord, Morbihan et Sarthe, plus de 3.000 par « département. »

Délimitation de la zone intermédiaire entre les pays de fermage et les pays de métayage.

M. de Gasparin avait donné la direction générale de la ligne de démarcation : coupant en deux la Savoie et la Bresse, cette ligne traverse le Beaujolais, l'Autunois, le Morvan, le Nivernais, longe la Loire à travers le Blaisois et la Tourraine, s'élève au Nord-Ouest et revient ensuite vers l'Océan entre la Loire-Inférieure et le Morbihan.

M. de Gasparin ajoutait : au Sud, le métayage domine à peu d'exception près ; au Nord, le fermage est quelquefois exclusif.

Rappelant cette opinion, M. de Tourdonnet ajoutait : « Il ne faudrait pas prendre cette ligne de démarcation « comme une ligne douanière, inflexible et infranchissable,

« qui est le plus souvent l'indice caractéristique d'une « opposition historique de législation, de mœurs et de lan- « gage. Ici, rien de semblable, le métayage ne cesse pas « tout à coup pour faire place au fermage et réciproque- « ment. Dans la zone intermédiaire, un peu fantaisiste dans « ses contours, on trouve à la fois des métayers et des fer- « miers, qui vivent côte à côte sur des sols identiques, et « livrés aux mêmes cultures jusque dans les mêmes can- « tons. Bien plus, en avançant dans les terres, et à d'assez « grandes distances de la ligne tracée, on rencontre comme « des îlots isolés, des territoires entiers, qui semblent pro- « tester par leur persistance et leur prospérité locale contre « le système général de la contrée qui les enveloppe. C'est « ce qui a lieu notamment dans le Sud du Maine, ainsi que « dans les vignes de la Bourgogne pour le métayage ».

Nous ne pouvons plus actuellement, avec M. de Gasparin, parler de la domination du métayage. Dès 1882, l'enquête décennale constatait que la proportion des fermages était supérieure à celle du métayage dans 66 départements, et inférieure dans 21, et que, « quant à ces 21 départements où « domine le métayage qui atteint une proportion de 50,80 à « 90,89 0/0, ils appartiennent presque tous à la région du « Midi et 5 seulement se trouvent dans le Centre (Indre, « Corrèze, Creuse, Allier, Haute-Vienne). »

Sur une carte économique de la France, l'étendue du métayage serait assez exactement figurée par une teinte dégradée partant du Midi, conservant plus longtemps son intensité au Centre que sur les côtés, et décroissant ainsi jusqu'à l'extrême limite vers la Manche et le Nord de la France.

Voici à titre de document, d'après l'enquête de 1892, la situation des régies directes, fermage et métayages en France :

Nombre des Métayers (Enquête de 1892)

Ain	2.556
Aisne	155
Allier	17.073
Alpes (Basses-)	1.082
Alpes (Hautes-)	179
Alpes-Maritimes	2.606
Ardèche	2.237
Ardennes	43
Ariège	4.475
Aube	168
Aude	5.416
Aveyron	2.927
Bouches-du-Rhône	4.638
Calvados	177
Cantal	1.928
Charente	11.558
Charente-Inférieure	4.892
Cher	4.599
Corrèze	9.512
Corse	6.584
Côte-d'Or	968
Côtes-du-Nord	3.930
Creuse	3.500
Dordogne	17.497
Doubs	184
Drôme	4.950
Eure	162
Eure-et-Loir	361
Finistère	2.937
Gard	2.172
Garonne (Haute-)	10.780
Gers	6.861
Gironde	15.458
Hérault	889
Ille-et-Vilaine	2.602
Indre	5.051
Indre-et-Loire	2.804
Isère	1.437
Jura	2 517
Landes	19.592
Loir-et-Cher	1.237
Loire	2.665
Loire (Haute-)	174
Loire-Inférieure	10.263
Loiret	1.690
Lot	4.177
Lot-et-Garonne	11.091
Lozère	334
Maine-et-Loire	4.497
Manche	285
Marne	92
Marne (Haute-)	80
Mayenne	6.394
Meurthe-et-Moselle	301

Meuse	36	Seine-et-Marne	118
Morbihan	3.962	Seine-et-Oise	360
Nièvre	1.397	Sèvres (Deux-)	2.670
Nord	1.752	Somme	901
Oise	64	Tarn	12.310
Orne	150	Tarn et-Garonne	5 814
Pas-de-Calais	610	Var	3.062
Puy-de-Dôme	6.304	Vaucluse	4.136
Pyrénées (Basses-)	11.125	Vendée	11.448
Pyrénées (Hautes-)	960	Vienne	7.620
Rhin (Haut-) (Belfort)	142	Vienne (Haute-)	12.868
Rhône	6.292	Vosges	308
Saône (Haute-)	360	Yonne	658
Saône-et-Loire	12.192		
Sarthe	1.106	**Algérie**	
Savoie	1.984		
Savoie (Haute-)	422	Alger	25.490
Seine	»	Constantine	14.958
Seine Inférieure	84	Oran	8.590

SECTION III

PRINCIPAUX MODES ET VARIÉTÉS

Nous n'avons pas à insister ici sur le fonctionnement pratique de la majeure partie de baux à métayage.

La plupart, en effet, et principalement dans les pays où les résultats ont été le plus féconds, s'en tiennent à l'application des principes que nous avons donnés au courant de cette étude.

Dans l'Allier, où nombre d'esprits distingués se sont réunis dans un commun éloge du métayage ; dans la Mayenne, où M. de Breton publie une étude remarquable sur le métayage ; dans l'Indre, où la Société d'Agriculture met au concours ce même sujet ; dans tous ces pays, le métayage fonctionne de façon similaire, sans différences notables d'un département à l'autre, sous la réserve des menus détails pratiques, soumis à l'usage, qui n'ont pas d'influence sur le résultat général de l'entreprise.

Ce sont d'ailleurs là des types de métayage perfectionnés, ainsi que nous le verrons plus loin, mais ils n'offrent rien d'original.

Nous ne trouverons de particularités saillantes que dans les termes du Midi, et dans les vigneronnages.

§ 1. — Landes.

Dans son rapport sur l'enquête de la Société des Agriculteurs de France, M. de Tourdonnet a cité une très intéressante monographie du Bazadais de M. Courrègelongue, qui distingue dans le Bazadais deux régions différentes.

L'une, cultivée par métayage, sauf les cantons vignobles de Sauternes et de Graves, est une contrée riche, renommée pour sa race de bétail, mais le métayage qu'on y rencontre ne présente pas de particularités.

Ce sont les cantons Bazadais.

L'autre région, landes et forêts de pins, pays pauvre, est connue sous le nom de cantons Landais et généralement cultivée par métayage, mais ce métayage est caractéristique.

Dans ces pays, les terres labourables sont peu étendues, peu fertiles, et comme le dit fort bien M. Courrègelongue « les propriétaires n'attendent ni des champs, ni du bétail « des bénéfices sérieux, ce qu'ils veulent en faisant cultiver « leurs terres et en y nourrissant quelques troupeaux, « c'est attacher au sol par un travail journalier et perma- « nent une population qui leur est indispensable pour « l'entretien et la défense des bois. »

Le résinage des pins est en effet le principal produit des Landes.

La métairie ne se compose que de 5 à 8 hectares de terre et de 3 hectares de prairies. Une famille la cultive. A cette métairie est habituellement attachée « une brasserie ». Le brasseur ne s'occupe que des façons à la main de son champ, du résinage, et de l'exploitation des bois. Le métayer fait au brasseur tous les labours et travaux d'attelage, moyennant un prix en argent ou en travail. Le brasseur partage les produits de son champ avec le propriétaire, comme un métayer, et pratique le résinage des pins à moitié fruits. Si la métairie ne comporte pas de brasserie, c'est le métayer qui est chargé du résinage aux mêmes conditions.

En général, il y a deux métayers par domaine, l'un

chargé de l'exploitation agricole, l'autre de l'exploitation forestière.

L'enquête ne dit pas si cette distinction d'attribution d'un même domaine n'est pas source de conflits, mais elle mentionne les doléances des paysans landais, ruinés par le bas prix des produits résineux.

§ 2. — Aude. — Ramonets et Maîtres-Valets.

Les correspondants de l'enquête de 1879 ont donné également de curieux renseignements sur divers modes de faire valoir distincts du métayage employés dans le département de l'Aude.

a) Dans la partie vignoble, au Sud et Sud-Est du département, fleurit le ramonetage.

Le ramonet, dit M. de Tourdonnet, est un exploitant qui fournit autant d'hommes qu'il y a de charrues à conduire, et qui reçoit sa rémunération tant en blé, tant en vin, tant en argent par tête d'homme fourni suivant les cantons. Si la famille du ramonet ne suffit pas, il loue des valets.

En résumé, le ramonet est un entrepreneur de labour, payé en argent et en nature. Mais il n'y a pas trace d'association. C'est un simple entrepreneur.

Les résultats du ramonetage ont été une augmentation de la production et des salaires, mais au détriment des bons rapports sociaux.

b) Dans l'autre partie, cultivée en céréales, qui occupe

l'ancien Lauraguais, règne le maître-valetage, sorte de régie directe.

Le maître-valet fournit un homme valide par paire de bœufs de labour pour 12 hectares environ, plus un homme (en tout) pour les travaux de main.

Il reçoit en nature 10 hectolitres de grains par homme : blé et maïs ; il a droit à la culture de 1 hectare 20 ares de maïs, 30 ares de fèves, 40 ares de haricots, 30 ares de lin, 30 ares de vesces. 10 ares de vigne par homme. De plus, il a droit à la moitié du bénéfice d'un troupeau de bêtes à laine, et à la moitié ou au tiers du croît du cheptel en bêtes bovines ou chevalines suivant qu'il supporte ou non la moitié des pertes.

Ce contrat est fait pour un an, par écrit ou verbalement et cesse moyennant congé donné 6 mois d'avance.

Nous sommes en présence d'un contrat où l'association joue son rôle, ainsi que le paiement fixe en nature.

c) Aux maîtres-valets sont joints des estivandiers ou moissonneurs, dont le salaire est également à la fois fixe : en argent, et variable : en part de fruits,

L'estivandier, travailleur à l'année, a droit à 1 hectare 3 ares de maïs à moitié fruits, à la même quantité de lin et de fèves à moitié fruits, et au dizième de la récolte en céréales — il est occupé et payé à la journée chaque fois que le temps le permet, hiver comme été.

La situation des ramonets, des maîtres-valets et des estivandiers, est assurément intéressante au point de vue juridique, et nous avons été amenés à en parler pour établir si ces modes de faire valoir constituent ou non des métayages.

Il n'en peut être question pour le ramonetage, entreprise de labour payable en nature et en argent d'une façon fixe.

Le maître-valet a bien droit à une part du croît des bestiaux, mais il ne partage pas la récolte, il a droit au produit de sa réserve, et nous savons qu'en pays de maître-valetage, la culture des céréales est la principale. Il n'y a donc pas ce partage des fruits qui caractérise le métayage.

Les estivandiers ne sont, eux, que de simples domestiques de ferme, dont ce caractère ne peut être effacé par le partage en nature de la moitié de leur réserve et du dizième de la récolte. Ils ne sont d'ailleurs que les aides des maîtres-valets à qui ils sont adjoints « en nombre égal aux paires de bœufs de labour moins une. »

d) Enfin, le métayage s'exerce traditionnellement dans l'Aude, dans les pays d'élevage, vers Limoux et dans les cantons de la Montagne-Noire. C'est le métayage vulgaire, mais sans améliorations sensibles de la culture.

D'ailleurs, le maître-valetage, atteint par la baisse des céréales, est étouffé entre le double développement du ramonetage dans le pays vignoble, et du métayage proprement dit en pays d'élevage.

§ 3. — Bretagne.

La Bretagne nous présente une sorte de contrat qu'on a souvent, à tort, confondu avec le métayage.

Nous ne voulons pour preuve de cette confusion que l'observation suivante : L'enquête de 1882 mentionne pour le Finistère 2.741 métayers ; cette statistique officielle a attiré les protestations d'agriculteurs bretons. M. de Tourdonnet a consigné dans son enquête les observations de deux d'entre eux, qui déclarent, l'un, n'avoir jamais entendu parler du métayage en Finistère ; l'autre, qu'il n'existe pas 10 métairies dans le département, ce qu'il établit ainsi :

Propriétaires travaillant eux-mêmes, un tiers.

Fermiers à prix d'argent, un tiers.

Tenanciers congéables, un tiers.

Ce sont ces derniers qu'on a bien à tort assimilés aux métayers.

Dans le domaine congéable, le propriétaire fournit le sol, le cultivateur y bâtit et cultive, à la fin du bail, le propriétaire reprend sa ferme à charge de payer au domainier, à dire d'experts, les améliorations qu'il a faites.

On voit que ce contrat tient du bail à ferme, bien plus que du métayage. Il n'y a pas partage des fruits. Le contrat a l'avantage de permettre à un colon possédant une certaine avance de prendre à bail un domaine à très bon compte.

Si le propriétaire ne peut pas lui rembourser les améliorations, lorsqu'elles sont importantes, il est souvent obligé de le vendre au colon à très bon compte.

Si le propriétaire paye la construction, il trouve un domaine amélioré qu'il louera facilement.

Mais ce contrat suppose que le colon a des avances, et

qu'il a été conclu pour un temps suffisant pour permettre l'amortissement d'une grande partie des dépenses d'amélioration.

§ 4. — Vignobles.

Le métayage ne s'exerce pas seulement sur les cultures ordinaires, nous le trouvons également en usage dans les pays vignobles.

Le rapport de M. de Tourdonnet donne à ce point de vue des renseignements intéressants ; il faut distinguer entre les vignobles du centre et ceux du midi.

Centre. — Dans le Jura, dans la Haute-Saône, dans le Beaujolais, les correspondants de l'enquête de 1879 signalent l'emploi avantageux du métayage. Au Congrès viticole de Beaune en 1869, M. de Saint Trivier disait dans son rapport : « Le métayage a fait depuis un temps immémo« rial la fortune des vignobles du Beaujolais. »

Avec quelques variations de détail le métayer doit au vignoble son travail, ses soins, le propriétaire fait la moitié des frais de fumure ; les frais des perches et échalas varient suivant les lieux ; généralement, le propriétaire les fournit.

Le vigneron doit porter la vendange aux cuves du maître, y faire le vin, le soigner, enlever les marcs, etc., moyennant partage du vin par moitié.

En Côte d'Or nous trouvons un vigneronnage à part de fruits qu'on classe à tort dans le métayage. Il n'y a pas contribution à la moitié des frais de fumure, d'échalas, etc., généralement les fruits ne sont pas partagés par moitié. Ce vigneronnage est un contrat à prix payable en part de fruits, non un métayage.

Néanmoins, M. de Saint Seine mentionne le célèbre clos des Hospices de Beaune comme seul vignoble cultivé en métayage à sa connaissance.

Midi. — Dans les grands pays vignobles du midi la culture à métayage est presque inconnue. Il y a souvent paiement en nature, — voir ramonetage — mais pas métayage.

Propriétaires des grands crus, ou propriétaires des crus ordinaires à gros rendements tiennent leurs vignes à régie directe.

Nous ne rencontrons le métayage que si la vigne est l'accessoire d'un domaine ou si la production des vignobles est commune et peu abondante.

Nous aurons d'ailleurs à revenir sur cette question dans le chapitre suivant des avantages du métayage.

CHAPITRE II

AVANTAGES ET INCONVÉNIENTS DU MÉTAYAGE

« Parler de l'avenir du métayage aurait fort risqué de « passer, il y a quelques années, pour une hérésie écono- « mique. A peu d'exceptions près, tous les écrivains spé- « ciaux le regardaient comme une institution justement « condamnée et destinée à disparaître à plus ou moins « courte échéance ». Ainsi s'exprimait en 1885 M. Baudrillard au début de son étude sur le métayage en France — et il constatait que les évènements avaient donné tort aux économistes et que le métayage semblait reprendre une vie nouvelle.

Les résultats des statistiques que nous venons de donner justifient d'ailleurs aujourd'hui l'opinion de M. Baudrillard.

Il est cependant peu de contrats qui aient été aussi souvent et aussi violemment attaqués que le métayage. Nous aurons à revenir en détail sur les accusations diverses portées contre lui mais nous pouvons rappeler, au début de cette étude économique l'opinion de quelques maîtres.

Bastiat écrivait dans le *Journal des Économistes* (XIII, p. 225) « J'ai autrefois critiqué le métayer, je suis

« aujourd'hui très persuadé que si mes observations étaient « justes, elles étaient incomplètes. J'avais vu le bien qu'il « empêche, je n'avais pas vu le bien qu'il fait et peut faire ».

Lecouteux, qui maintes fois, et notamment dans son traité des entreprises de culture améliorante, avait critiqué ce mode d'exploitation, revient sur son appréciation dans le *Bulletin de la Société des Agriculteurs de France*, du 1er mars 1879. « Le colonage partiaire, dit-il, se révèle de « nos jours sous des aspects nouveaux, on le regardait « comme un moyen transitoire pour arriver à une situation « plus élevée, le fermage, C'est maintenant sa prétention « justifiée par le succès de rester à l'état de constitution ru- « rale définitive car telle est son élasticité qu'il se prête à « toutes les combinaisons que suscite le progrès agricole. « Longtemps on a prétendu qu'il n'était qu'un régime de « pauvres d'argent et de pauvres d'esprit. Mais les opinions « se sont modifiées..... on a démontré que de nos jours « comme jadis l'un des moyens les plus sérieux, d'amélio- « rer la terre en améliorant la situation de ceux qui l'exploi- « tent, était la pratique constante de cet ancien et éternel « sytème ».

Enfin M. Baudrillard qui, dans son *Manuel d'Économie politique,* considérait le métayage comme un obstacle sérieux au développement de l'agriculture, fait amende honorable dans son étude de 1885 et nous fournira des arguments pour défendre le métayage.

Si de tels revirements ont pu s'opérer dans les opinions d'écrivains de cette valeur, c'est donc que le métayage présentait des avantages indiscutables. En constatant la reprise de faveur du métayage, M. Baudrillard écrivait : « S'il « ne fallait voir là qu'un retour en arrière, signe momen- « tané de notre affaiblissement agricole, il n'y aurait qu'à « attendre des jours meilleurs. On pourrait croire que le « temps nous ramènera bientôt au fermage de plus en plus « étendu. Nous serions en ce cas dans la situation d'un « peuple qui serait obligé pour un temps de renoncer à « un outillage supérieur, d'un emploi trop coûteux pour « revenir à des moyens plus imparfaits mais moins chers. « Il s'agit précisément de savoir si le métayage mérite « cette injurieuse comparaison avec ses engins défectueux « bons à être reliqués dans les antiquités où s'il n'offre « pas toutes sortes de ressources qui le rendent susceptible « de progrès ultérieurs ».

Ce sont ces ressources que nous allons analyser au triple point de vue économique agricole et social.

SECTION I

AVANTAGES ÉCONOMIQUES

Nous envisagerons sous ce point de vue la double question du revenu procuré au propriétaire et du capital d'exploitation.

§ 1. — Revenu du propriétaire.

Que le propriétaire fasse valoir la terre par régie directe, qu'il la donne à bail à un fermier, ou qu'il la donne à métayage, il a pour but de retirer de cette exploitation une rémunération du capital engagé par lui, un revenu.

Ce revenu dans le contrat de métayage consiste dans une quote-part, en général la moitié des fruits, perçue en nature.

On a fait au métayage un double reproche, auquel nous devons répondre tout d'abord, tant au sujet de la variabilité du revenu que de sa réalisation.

a) Variation. — M. de Gasparin déplore le trouble que peuvent jeter dans le budget d'une famille, les brusques variations d'un revenu soumis aux accidents météorologiques et aux cours des marchés.

M. de Gasparin redoute ces inaptitudes qui conduisent le propriétaire de la prévoyance à l'avarice. Il y voit « l'effet « nécessaire d'un état dans lequel les bénéfices ne semblent « jamais acquis, mais sont toujours hypothéqués sur les « malheurs de l'avenir ».

A cela il est facile de répondre qu'il est facile de compter sur l'année moyenne, et d'économiser un peu sur les bonnes années pour faire face aux plus mauvaises.

Quant à la sûreté du revenu, nous verrons tout à l'heure que c'est précisément par les années mauvaises que s'établit à ce point de vue la supériorité du métayage.

Il faut sans doute sacrifier dans ce cas, la quantité à la sécurité, mais n'est-ce pas là ce que conseille la prudence?

Enfin M. Rérolle fait une observation très judicieuse. Il faut, dit-il, dans toute exploitation rurale une même somme d'esprit, de prévoyance; au cas de métayage elle est fournie par moitié par l'employeur et l'employé, au cas de fermage en entier par l'employé, au cas de faire valoir par l'employeur.

b) *Réalisation.* — MM. de Gasparin et J. B. Say ont exprimé au sujet de la réalisation difficile et hasardeuse du revenu des plaintes fort excessives.

Il ne peut être question de difficultés de réalisation pour les récoltes en céréales ou en vins, huiles, etc., qui se vendent à la mesure et dont les cours sont publiés aux mercuriales.

Les voies de communication sont telles que la livraison peut en être partout immédiate, et la vente effectuée au comptant.

La question est plus délicate pour le bétail, mais il ne faut pas oublier que nous supposons le propriétaire en mesure d'exercer son droit de surveillance et de direction : inutile sinon de parler de métayage; mais si une surveillance efficace peut être exercée par le propriétaire, son régisseur ou son garde, les ventes se font d'accord et c'est en général le maître qui en touche le prix.

Une question plus délicate est relative *à la quantité du revenu obtenu par métayage.*

Bien que ce point soit fort controversé, il résulte de nombre de documents de l'enquête que le métayage procure au propriétaire un revenu égal à celui que donnerait l'exploitation directe ou le fermage.

Bien que ce résultat ait été souvent controversé, nous ne pouvons faire mieux que de citer à l'appui de notre opinion, le remarquable rapport adressé par M. de Garidel, président de la Société d'agriculture de l'Allier, à la Société des Agriculteurs de France en 1879.

Cette communication est analysée dans le rapport de M. de Tourdonnet aux pages 189 et suivantes et nous ne pouvons qu'y renvoyer pour des détails qui nous entraîneraient outre mesure.

M. de Garidel possède six domaines aux environs de Bourbon l'Archambault, qu'il fait valoir à mi-fruits, depuis 23 ans. Les chiffres des comptes d'exploitation du 11 novembre 1875 au 11 novembre 1879 sont la base de l'étude de M. de Garidel.

Revenu des domaines.

Nos	ÉTENDUE	CONTENANCE	REVENU MOYEN annuel	REVENU MOYEN annuel de l'hectare
A	64.96	Culture 40.07 Prés 24.89	6.313.22	97.18
B	54	C. 42.58 P. 11.42	4.743.93	87.85
C	48	C. 35.03 P. 12.97	3.805.52	78.26
D	48	C. 35 35 P. 12.65	3.757.16	78.27
E	60	C. 45.41 P. 14.59	4.022.50	67.04
F	62	C. 48 29 P. 13.71	5.319 60	85.80
Revenu moyen de l'hectare : 82 fr. 56.				

M. de Garidel ajoute qu'il aurait pu, en les affermant séparément louer près de 100 francs l'hectare, des domaines qui lui en rapportent seulement 82 fr. 56 à métayage.

Mais il ajoute formellement que ce prix 100 francs, ne lui paraît pas sérieux, qu'il n'a été atteint que par suite d'une concurrence sans frein et que, en cas de crise, il ne peut être payé pendant la durée du bail sans ruiner le fermier, le prix de 100 francs est donc factice.

D'ailleurs les fermiers généraux n'ont pas offert plus de 80 francs de l'hectare, et les fermiers cultivateurs n'ont pas voulu dépasser ce chiffre de beaucoup.

M. de Garidel conclut que si le métayage ne rapporte pas plus que le fermage, c'est que le propriétaire a plus de ménagements pour le domaine, qu'il fait plus d'améliorations surtout voluptuaires, et qu'en définitive il y a tout intérêt pour le propriétaire à conserver les métayers, « et cela même au point de vue de l'avantage matériel, pécuniaire, et en passant sous silence l'avantage social qui est énorme ».

Mais M. de Garidel ne s'en est pas tenu là, il a présenté en 1884, au groupe des Unions de la paix social du Nivernais et du Bourbonnais un nouveau rapport. sur les années 1879-1884, faisant suite au précédent.

On peut y constater que le revenu général moyen a passé de 82 fr. 30 à 86 fr. 39, c'est-à-dire qu'il a augmenté de 3 fr. 87, Seul, le domaine A a subi une diminution de de 1 fr. 17. Les domaines B et F, présentent une augmentation de 8 fr. 15 et de 7 fr. 24. Sur le chiffrè précisément indiqué,

Peut-être reprochera-t-on à ces résultats d'être déjà un peu anciens. Nous les complèterons grâce à l'étude intéressante faite par M. Royer Merlin sur le métayage et la participation aux bénéfices, ouvrage récent paru en 1898.

M. Roger Merlin a adressé en 1896 un questionnaire détaillé à M. de Garidel, celui-ci répondit par une lettre bien précise qui complète de la façon la plus heureuse les résultats recueillis par l'éminent agriculteur.

Nous y voyons affirmée en termes formels la progression du mouvement en faveur du métayage.

M. de Garidel écrit notamment « Nos bénéfices ont di-« minué, ils ne sont plus ce qu'ils étaient pendant la pé-« riode pour laquelle j'ai donné le compte détaillé de mes « domaines, mais nous avons souffert moins que les pays « exploités par le fermage et par la culture directe ».

Et plus loin « Il est, comme je l'ai dit plus haut, un fait « très certain, c'est que dans notre région, le métayage nous « a considérablement aidés à supporter cette crise et en a « fortement atténué pour nous les conséquences qui, en « d'autres pays, se font si cruellement sentir ».

Nous ne pouvons malheureusement joindre aucun chiffre à l'appui de ces affirmations si concluantes. La chose, dit M. de Garidel lui serait facile, mais la menace perpétuelle de l'impôt sur le revenu l'empêche de publier des chiffres qui donneraient au fisc des armes contre lui-même et ses compatriotes, métayers, fermiers ou propriétaires. Et M. de Garidel de réitérer sa déclaration formelle : le métayage n'a pas conjuré la crise agricole, il l'a considérablement atténuée.

Peut-être nous répondra-t-on que cet exemple, pour concluant et détaillé qu'il soit, ne résume en somme que l'opinion d'un propriétaire, partisan convaincu et déclaré du métayage. Nous ne pouvons évidemment ici entrer dans le détail d'une enquête mais, l'opinion de M. de Garidel est loin d'être sans écho.

De tous côtés l'enquête de la Société des Agriculteurs de France a recueilli des réponses analogues. Plus récemment M. Roger-Merlin a rassemblé des témoignages aussi concluants.

En Bourbonnais. M. Marcel Vacher, député, maire de Montmarault, M. P. Cornu propriétaire à Yseure, affirment catégoriquement à M. R. Merlin, que c'est grâce au métayage que l'Allier a pu supporter la crise de 1880.

En Sologne. M. Courtin, propriétaire près de Salbris, estimait en 1896 que le métayage donnait quelques francs de plus à l'hectare que la moyenne du fermage (20 fr.) et encore plus sûrement.

Dans la Mayenne, M. Baudrillard cite la comptabilité d'une métairie fournie par M. Lebreton, exploitation louée jadis 2.800 f. et dont le propriétaire pour sa part tire 5.500 f. Ce chiffre a dû baisser par la suite, néanmoins M. Leizour, professeur d'agriculture à Laval, a confirmé à M. R. Merlin les progrès accomplis par le métayage en Mayenne et considère la situation agricole comme satisfaisante.

En Limousin, MM. Teisserenc de Bort et M. A. le Play, sénateurs de la Haute-Vienne, affirment à M. R. Merlin (p. 88), les heureux effets du métayage. M. Merlin cite avec éloges les résultats obtenus par M. de Léobardy près de Limoges.

Dans les Landes, notamment dans la partie fertile, M. de

Lateulade, lauréat de la prime d'honneur en 1874 écrit en 1896, que, à son estime et à son expérience, le métayage est de beaucoup préférable pour obtenir un revenu net.

La conclusion commune que nous pouvons déduire de toutes ces appréciations est celle-ci : Le métayage, lorsqu'il est intelligemment compris et dirigé, donne un revenu égal à celui du fermage ; lorsque ce revenu est inférieur, il est largement compensé par la certitude de ce revenu.

Le métayage constitue en somme une assurance mutuelle contre les mauvaises années ; la part de chaque associé diminue sans doute, mais le métayer n'est pas obligé de prendre sur son capital ou sur ses économies pour payer un fermage.

Les fermiers solvables sont rares, dans certains pays surtout, et cette solvabilité leur permet de traiter à des conditions très avantageuses.

En outre, la rente foncière est plus stable dans les pays de métayage. Pendant les années de prospérité, les propriétaires profitant de la concurrence pour hausser les prix, ils exagèrent cette hausse. Vienne une crise, les fermiers ayant peu d'avances sont ruinés, et la baisse s'exagère, comme s'était exagérée la hausse.

On ne peut enfin quitter l'examen des avantages économiques du métayage, sans mentionner la solution heureuse qu'il apporte à la question du capital d'exploitation.

§ 2. — Capital d'exploitation

La situation du cultivateur qui a besoin d'avances est actuellement très précaire. S'il vend ses récoltes de suite, il est obligé de subir la baisse qui généralement succède à la récolte ; bien peu sont actuellement placés de façon à bénéficier des warrants agricoles, il lui reste donc l'emprunt, qu'il trouvera rarement l'occasion de contracter sans garanties. S'il a quelques biens, il peut avoir recours à un emprunt hypothécaire, dont le plus clair passera en frais d'actes et d'enregistrement.

Jusqu'à l'organisation, toujours promise et toujours attendue, du Crédit agricole, le cultivateur désireux d'emprunter sera donc dans une situation très précaire.

Le métayage rend à ce point de vue d'inestimables services — le propriétaire est, comme on l'a dit, le banquier du colon, sous telles réserves qu'il lui plaira. — Ayant quelque aisance ou un autre emploi, sinon il travaillerait lui-même la terre, le propriétaire peut consentir au métayer les avances indispensables ou utiles nécessitées par l'exploitation ou le renouvellement du bétail, avances dont le privilège du bailleur lui garantit le remboursement.

Nous ne voyons donc pas qu'au point de vue économique le métayage soit un contrat dont il y ait lieu de réclamer la disparition.

SECTION II

AVANTAGES AGRICOLES

C'est à ce point de vue principalement, que notre contrat a été attaqué avec le plus de violence.

Les opinions défavorables ont même été formulées avec une énergie souvent excessive.

Un des correspondants du Nord de l'enquête de 1879 écrit : « Il n'y a pas dans nos contrées, un seul fermier qui « consentît à partager quoi que ce soit avec le propriétaire « du sol. »

Un autre ajoute : « Je ne suis pas partisan du métayage « pour mon compte, et je suis bien surpris que la personne « à qui je me suis adressé pour me fournir des renseigne- « ments afin de vous les transmettre, ait pu considérer « cette institution comme propre à enrayer dans l'avenir la « crise qui frappe l'agriculture, j'attendais mieux d'un « homme aussi versé dans la pratique agricole ; le métayage « est l'enfance de l'art. »

Dès 1867 d'ailleurs, le sénateur président la Commission d'enquête des départements de l'Aisne, du Pas-de-Calais et du Nord, s'exprimait pompeusement en ces termes, dignes d'être retenus : « On a dans ce pays l'honneur et le bon- « heur de ne pas connaître le métayage. Ici, le propriétaire « et le fermier sont trop intelligents pour admettre cet

« absurde contrat, qui est un obstacle à tout progrès,
« enlève toute initiative à l'exploitant, et ne lui laisse pas
« assez de durée pour lui permettre des améliorations ; il
« lui ôte même la dignité de cultivateur pour ne lui laisser
« que le rôle d'un valet de labour, qu'on paye avec une
« portion de la récolte. Les pays à colonage et à métayage
« sont, et seront toujours, en fait de culture, les plus
« arriérés de tout l'Empire. »

Nous sera-t-il permis de demander pourquoi M. le sénateur président, après avoir déclaré qu'il ne connaissait pas le métayage, a cru devoir porter sur lui un jugement ridicule, auquel les faits opposent le plus éclatant démenti. La première phrase peut donc servir d'excuse à toutes les autres, et nous aurons l'occasion de relever successivement chaque grief formulé contre cet « absurde » contrat en termes aussi vides que déclamatoires.

Un reproche bien plus sérieux a été adressé au métayer par divers économistes, notamment par MM. de Gasparin, F. Passy, etc.

D'après eux, tout ce qui tend, pour le propriétaire ou le métayer, à augmenter la mise de fonds est interdit. On calcule ainsi le minimum des dépenses pour le maximum relatif des fruits.

D'après M. Paul Leroy-Beaulieu, le colonat partiaire et la culture intensive sont incompatibles. C'est cette doctrine qu'a exposé M. de Dreuille dans son ouvrage sur le métayage et les moyens de le remplacer.

Tous ces auteurs partent d'un principe commun, et font

le raisonnement suivant : Supposons une culture quelconque donnant :

2 de produit avec 1 de culture. Chaque partie prélèvera 1 de produit.

Supposons une autre culture donnant :

3 de produit avec 2 de culture. Chacun aura 1 1/2.

Mais (et c'est là le point délicat), le métayer supportant toute la culture supporte toute l'augmentation de culture, soit 2 — tandis qu'il ne touche que la moitié de l'augmentation.

C'est cette idée qu'on a résumée en quelques phrases. Le métayer prend la moitié de la récolte et supporte la totalité des frais. Son intérêt est, non de bien cultiver, mais de guère cultiver.

Sa tendance le fera donc dévier vers une culture sans matériel agricole et sans main-d'œuvre, vers une culture qui ne cultive pas. C'est une lutte contre le progrès.

Le fermier au contraire garde toute la différence entre le produit net d'une part et les frais d'exploitation et le fermage, il préferera donc les cultures qui donneront le revenu net le plus élevé quitte à dépenser pour les obtenir.

Et de ces prémisses on conclut que le fermage est un agent du progrès tandis que le métayage lui fait obstacle.

Nous procèderons d'abord à la réfutation de cette objection par le raisonnement, nous aurons ensuite recours à l'éloquence des faits.

La théorie qui considère le métayage comme frappé d'un

vice organique irrémédiable part d'un principe théorique qui est celui-ci : le métayer supporte tous les frais de culture. Ce principe posé, la déduction la plus logique le conduit à son but.

Mais ce sont là, théories : la pratique est bien différente.

Faisons remarquer de suite que le fermier ne suivra le progrès, ne fera dés frais extraordinaires de culture que s'il a des avances. S'il n'en a pas, ou si les années sont mauvaises il cherchera, lui aussi à lésiner sur le chapitre des dépenses.

Mais en envisageant uniquement l'intérêt du métayer, les auteurs dont il s'agit ont négligé l'intérêt du propriétaire et son droit de direction.

L'intérêt du propriétaire, est lui aussi dans la culture perfectionnée, les frais de culture seuls empêchent l'intérêt du métayer d'avoir ce même but.

Mais la contribution du propriétaire aux frais de culture extraordinaires donnera un seul objet à ces intérêts distincts.

Guidé par les connaissances du propriétaire, soutenu par ses avances et sa contribution aux frais de culture, le métayer peut aller de l'avant et faire, aussi bien que le fermier, œuvre de progrés.

Nous arrivons donc à cette conclusion qu'il est de l'intérêt du propriétaire de contribuer aux frais de culture, comme nous l'avions reconnu en examinant les obligations du propriétaire. L'effet favorables de ces cultures à fumures généralement très abondantes, se fera souvent sentir longtemps après la sortie du métayer. Il est juste que le propriétaire en paie une partie. Nous avons vu que c'est aussi son intérêt. C'est d'ailleurs la pratique constante, c'est ce qu'ont fait tous les agriculteurs dont nous citerons tout à l'heure les heureux résultats.

L'objection faite au métayage est donc purement théorique, en pratique elle n'a pas de valeur.

Les faits sont là, d'ailleurs, et notre opinion se trouve confirmée par eux de la façon la plus éclatante. Nous nous contenterons d'en citer deux, pris dans l'enquête de 1879 et cités par M. de Tourdonnet.

1° Voici d'abord ce qu'un emploi judicieux du métayage a pu faire dans la Vienne.

M. Serph, député, y possédait une propriété de famille, dite les Angrémy, d'une étendue de 200 hectares, dont 150 environ en terre de culture.

Il y avait là des fermiers, rendant moins de 10 fr. de l'hectare, sans arriver à payer leur fermage. C'est dire la valeur qu'avait à ce moment la propriété.

En 1845, M. Serph, plaça des métayers à la tête de chacun de ses cinq domaines et se constitua une réserve. L'amélioration commença pour se poursuivre jusqu'en 1860, défrichements, arrachages de haies, réunion de parcelles éparses, labourages profonds sont accomplis par les métayers qui, en cas de besoin, réunissent tous leurs attelages.

En 1862, un four à chaux est construit, dont le produit sous forme de compost est employé à la fumure en concurrsnce avec tous les engrais, fumiers, vidanges, balayages que l'on peut se procurer. Cependant des instruments perfectionnés sont introduits et le bétail porté à près d'une tête par hectare grâce à de riches prairies artificielles,

Enfin ces efforts aboutissent aux résultats suivants :

Valeur primitive de la propriété (à 3 0[0)...........	40.000 fr.
Acquisitions....................................	41.000
Capital foncier..................................	81.000
Coustructions	30.000
Avances aux colons.............................	14.252
Capital....................	125.252 fr.

Cependant les revenus successifs étaient de :

1861.	2.817 f.	38	et avec les bœufs du cheptel.		7.647 f.	60
1862.	2.717	10	—	—	7.547	32
1863.	6.327	20	—	—	11.157	42
1864.	8.102	63	—	—	12.732	85
1865.	9.629	56	—	—	14.459	78
1866.	8.414	21	—	—	13.244	41
1867.	11.136	66	—	—	17.699	13
1868.	12.867	91				

En 1869, l'exploitation des Angrémy emportait la prime d'honneur régionale et passait pour valoir 300.000 fr.

Ces résultats ont été atteints avec des métayers entrés pauvres, et devenus aisés, et tenus par des baux perpétués *par tacite reconduction.*

2° En Bourbonnais, M. de Larminat constate que l'agriculture a fait, grâce à un métayage intelligemment dirigé, des progrès énormes, et que les revenus de nombre de domaines ont été doublés et triplés.

3° Dans la Vienne, près de Civray, M. Auguis a transformé une propriété de 100 hectares environ, produisant à peine 9 fr. de l'hectare (1000 fr. en 1856), en domaine produisant 11.000 fr. par an en moyenne de 1870 à 1878. Le cheptel de 8.585 fr. en 1865 atteint 30.483 fr. en 1876. Cette remarquable transformation est l'œuvre de 10 ans de régie directe continuée par le métayage après l'impulsion donnée.

4° Enfin dans l'Anjou, M. de Falloux fait du métayage l'outil de la révolution agricole qu'il propage de tout son pouvoir, et M. H. Bazin constate que jamais le fermage n'aurait pu en arriver là.

L'enquête de 1879 est pleine de ces exemples d'amélioration. Ceux que nous venons de citer prouvent surabondamment que le mot métayage n'est pas forcément synonyme de routine.

Si le métayage se prête aux améliorations générales de culture, il ne s'en prête pas moins facilement aux améliorations de l'élevage.

Quoiqu'on en ait dit, et les rapports de l'enquête de 1879 l'établissent surabondamment, le développement et le perfectionnement de la race charollaise dans l'Allier, de la race Durham dans la Mayenne, de la race Bazadaise en Bordelais ont trouvé dans le métayage de précieux auxiliaires.

Il n'y a que deux façons en effet de perfectionner un élevage : il faut fixer le type de la race et ses caractères, si la race indigène est essentiellement bonne. Il faut au contraire, par des croisements intelligemment dirigés, lui donner ce qui lui manque, et même au besoin acclimater une race étrangère.

Dans les deux cas, la réussite dépend du choix des reproducteurs, de la sélection pratiquée soit dans la race indigène soit dans la race de croisement.

C'est là que le propriétaire intelligent trouvera matière à exercer le droit de direction et de surveillance qui lui est dévolu par le contrat de métayage. Supposons, comme le cas se présente souvent, un grand domaine divisé en plusieurs exploitations. Si chaque exploitation est louée à un fermier celui-ci ne peut compter que sur ses propres forces. Sa bonne volonté échouera souvent devant le manque de ressources.

Si le propriétaire au contraire met à la tête de chaque exploitation un métayer, si même comme il arrive souvent, le propriétaire se constitue une réserve qu'il fait valoir directement, le plan de réformes du bétail sera exécuté d'une façon plus large et plus avantageuse. Le propriétaire pourra acheter des reproducteurs à des prix qui auraient fait reculer les fermiers. Ces reproducteurs, utilisés par tous les domaines donneront des résultats plus avantageux, la sélection, portant sur un nombre de produits plus nombreux se fera plus vite, et l'amortissement de ces dépenses demandera moins de temps. N'est-ce pas là d'ailleurs ce qu'ont fait nombre de propriétaires, grands éleveurs, en Bourbonnais, dans la Mayenne, etc., qui tous, dans le rapport de l'enquête de 1879 ont reconnu les heureux résultats du métayage.

Les viticulteurs eux aussi, ont plaidé la cause du métayage et M. Rérolle donne l'opinion d'un viticulteur du Beaujolais dont nous citons ces passages topiques : « Pensez ce qu'est « une famille de bons vignerons et dites-moi si jamais un « maître-valet peut la remplacer ? Est-ce au moment où la « culture de la vigne demande pour sa défense des soins va- « riés et spéciaux que l'on doit multiplier avant l'apparition « de nouveaux fléaux ; est-ce au moment où la reconstitution « du vignoble par des plants étrangers nécessite une sélec- « tion entendue incessante, est-ce à ce moment qu'il faut « remplacer le vigneron intéressé au résultat, par le maitre- « valet qui n'en a cure ? »

Que reste-t-il donc des affirmations gratuites émises en 1867, par M. le sénateur dont nous avons plus haut rapporté l'appréciation ? Où donc est cet absurde contrat « obstacle à tout progrès » et « empêchant toute amélioration » ?

Il subsiste une accusation de dégradation sociale que nous examinerons tout à l'heure, et une affirmation dont nous ferons justice de suite.

Les pays de métayage sont et seront toujours en fait de culture les plus arriérés de tout l'Empire.

Parmi les départements où domine le métayage, nous voyons les Landes, la Dordogne, l'Allier, la Gironde, la Charente, le Lot, la Haute-Vienne. Ces départements sont-ils moins riches que la Creuse, la Haute-Savoie ou la Lozère, où le fermage règne en maître, ou même que certains cantons bretons où le métayage est inconnu?

On voit donc que, par leur exagération même, les accusations portées contre le métayage tombent à faux. Non pas que nous fassions du métayage la panacée universelle, mais, après avoir examiné les problèmes sociaux qu'il peut aider à résoudre, nous essaierons de déterminer les circonstances pratiques, dans lesquelles il est avantageux d'avoir recours à notre contrat.

SECTION III

AVANTAGES SOCIAUX

Au point de vue social, M. Rérolle a excellemment résumé les avantages du métayage. Il procure, dit-il, au cultivateur la liberté de son travail, il assure une occupation à chacun des membres de la famille, il supprime le chômage en créant la permanence des engagements.

Le domestique, le valet de ferme exécutent la tâche prescrite sans autre souci que de gagner leur salaire, le métayer conserve dans son travail une certaine liberté, il ne subit de la part du propriétaire qu'une direction *générale*. Nous avons déjà insisté sur ce mot. « Le métayer, « dit M. Rérolle, est le plus souvent la partie dirigeante des

« travaux, il n'est point comme l'ouvrier ou le maître-valet « dans une position subalterne. Chef du ménage des champs, « il acquiert une considération que l'on n'a pas pour le « prolétaire. »

De plus, le métayage apporte dans la situation du métayer une sécurité incompatible en apparence avec les baux annuels ou verbaux. Pourvu qu'il exécute loyalement ses engagements, il n'a pas à craindre d'être expulsé. Olivier de Serres disait : Si votre métayer est bon, gardez-le quoiqu'il arrive; s'il est mauvais, congédiez-le tout de suite. En outre, tous les changements de métayer sont préjudiciables au propriétaire, qui peut craindre de choisir plus mal encore. C'est un fait, qui n'est pas contesté, que des familles de métayers se maintiennent depuis plus d'un demi siècle et quelquefois plus sur les mêmes domaines sans qu'il y ait même bail écrit.

Le salaire que procure le métayage est donc assuré. Est-il suffisant ? On a souvent prétendu le contraire.

1° On a dit d'abord que si tous les propriétaires proclamaient le bas prix de la main-d'œuvre par métayage, c'est qu'ils réalisaient des retenues sur le salaire du travailleur.

Cette conclusion n'est pas exacte. Le salaire du métayer payé en nature subvient, bien mieux qu'en argent, à la subsistance de sa famille ; il vit sur le domaine et n'est astreint à aucune des menues dépenses de toutes sortes qui de tout côté guettent l'ouvrier.

La sécurité du salaire peut jusqu'à un certain point compenser une légère diminution.

Enfin le raisonnement que nous critiquons n'est pas ab-lument exact.

Il est parfaitement juste de dire que la culture par régie directe est beaucoup plus coûteuse que par métayage. Mais celà provient moins de l'économie réalisée sur le salaire de l'ouvrier, que de la restriction apportée à l'*abus* de la main-d'œuvre en cas du régie directe.

Il est rare que, lorsqu'un propriétaire fait valoir par lui-même son domaine, il ne sacrifie pas plus ou moins à son goût naturel pour les améliorations voluptuaires. Il veut avoir un domaine bien tenu, et quoi qu'on en aie dit, cela lui coûte cher. Nous y ajoutons cette considération que le travail d'un manouvrier n'est pas aiguillonné par l'intérêt comme celui du métayer. L'intérêt du journalier est de faire en deux journées ce qui pourrait se faire en une ; celui du métayer est au contraire de ne pas perdre de temps inutilement. C'est là en grande partie le secret de l'économie de la maind'œuvre dans le métayage. Pas de travaux superflus, pas de temps perdu.

M. de Garidel nous donne d'ailleurs de précieux renseignements sur les gains annuels de ses métayers.

Il nous a semblé intéressant de citer l'un des tableaux dressés par M. de Garidel pour ses six domaines.

Ce tableau a été dressé pour le domaine A de 65 hectares occupé par le métayer, sa femme, son gendre et sa fille, son fils aîné et sa belle fille, deux fils de 15 à 18 ans, un autre de 13 ans, 3 enfants en bas âge. (Tourdonnet 224.)

RECETTES	1876	1877	1878	1879	DÉPENSES	
1/2 Bénéfice du Cheptel...	3.542 25	4.267 50	2.061 35	1.969 10	Prestation colonique......	800 f.
Laine		116 70			Gages : 2 hommes.........	800
Froment : semence déduite	1.451 61	2.267 30	2.276 70	2.429 95	— 1 homme	350
Avoine	784 70	784 70	974 35	556 20	— 1 jeune homme....	200
Grosse volaille...........	3 55	61 75	34 25	45 25	— 2 femmes	400
Volaille et œufs	100 »	100 »	100 »	100 »	— 1 pâtre	100
Pommes de terre et fruits .	75 »	75 »	75 »	75 »	Journalier...............	200
Lait : 8 litres à 0,15.......	438 »	438 »	438 »	438 »	Entien voitures, instruments	100
Bois......................	75 »	75 »	75 »	75 »	Int. de l'excédent de cheptel	233
Loyer	150 »	150 »	150 »	150 »	Intérêt du capital matériel.	50
Ind. d'usure de voitures...	6 »	6 »	6 »	6 »	Nourritre de 12 pers. à 0,50	2.190
Totaux	6.626 10	8.032 15	6.190 65	5.844 50	Total	5.423

Moyenne..........	6.573 f.	35
Dépenses..........	5.423	»
Bénéfice net.......	1.150	35
Nourre de 3 enfants.	319	»
Bénéfice total...	1.469	35

Tel aurait été, en argent, et après avoir payé les gages de tous ses enfants, le bénéfice d'un métayer à cette époque.

Le bénéfice moyen du métayer à l'hectare était d'environ 22 fr. 69 à l'hectare.

En 1885, dans son second rapport, M. de Garidel établit que ce bénéfice a augmenté et est de 23 fr. 15.

Il est malheureusement certain que ces bénéfices ne sont plus les mêmes par suite de la baisse des céréales et des bestiaux, mais, M. Zolla a cité dans la Revue agricole du *Journal des débats* du 31 mars 1896, l'exemple d'un métayer de la Haute-Vienne dont les gains en argent annuels ont ont été de :

3.065	francs en	1892
2.574	—	1893
2.546	—	1894

pour une exploitation de 40 hectares déduction faite de toute dette et charge.

Si nous rapprochons ces faits des critiques adressées au métayage, on peut en conclure qu'elles sont plutôt théoriques.

2° On a fait encore un reproche au métayage de la fixité de la proportion dans le partage.

Les salaires dit-on tendent à monter, et la proportion du partage restant la même, le métayage viole cette loi économique.

M. Baudrillard reconnaît le fondement de ce reproche,

mais il ajoute qu'une direction intelligente peut y remédier. C'est l'intérêt du propriétaire, d'avoir des métayers contents de leur sort. Quelques avantages, faits à propos, peuvent suffire à résoudre la question.

La prestation colonique est là, qui peut varier, et dans bien des pays elle est abandonnée.

Enfin M. Baudrillard ajoute : nous pourrions citer des propriétaires qui ont donné sous différentes formes au métayer plus que sa moitié ; ils y ont plutôt gagné que perdu en s'attachant de bons auxiliaires.

3° Enfin, un troisième reproche a été fait, celui de maintenir le colon dans la sujétion politique du propriétaire.

On a, à plusieurs reprises, accusé le colonat d'être, suivant l'expression d'un député, un instrument de servage politique.

Le département des Landes, où prédomine de beaucoup le métayage, a plusieurs fois retenu l'attention de la Chambre des Députés, et, en 1876 comme en 1885, des protestations ont amené des enquêtes sur la validité des élections législatives dans ce département.

En 1885 principalement, M. le député Périllier concluait à l'invalidation des députés élus, et formulait à l'égard du métayage des accusations très graves. Le rapport retenait à l'appui de cette conclusion des faits de pression extraordinaires : bulletins marqués, menaces d'expulsion, abus d'autorité, rien n'y manquait.

Les députés incriminés ont éloquemment protesté contre les allégations du rapporteur. Sans doute ils combattaient, eux aussi, *pro domo suà*, mais leurs raisons n'en sont pas moins d'un poids considérable.

Les faits de pression électorale mis à la charge du métayage peuvent l'être à celle de toute exploitation patronale. Il nous semble, avec M. H. Baudrillard, qu'une pression exercée d'aussi éclatante manière, avec un mépris aussi odieux de la liberté des votes, aboutirait à un résultat diamétralement opposé à celui qu'on se propose.

Nous nous garderons bien de mêler la politique à cette étude, mais il ne nous en faut pas moins constater que les enquêtes d'invalidation tiennent souvent beaucoup plus compte des opinions des élus que des protestations des électeurs.

Le rapport que nous citions plus haut contient notamment cette observation, qu'aux faits à eux reprochés, les députés en question opposent les mêmes reprochés à leurs adversaires.

Le métayage n'a-t-il pas été un peu malmené pour le plus grand bien d'une opinion quelconque ? Comme l'a fort bien dit un des députés élus : « Avec cette forme de bail, « dit-on, les propriétaires n'ont pas le respect de la liberté « du vote et les métayers sont leur chose ; je pourrais « demander d'abord, si l'on s'en plaignait quand c'étaient « nos adversaires qui étaient nommés ». Et ce député n'a-t-il pas touché le point délicat lorsqu'il affirme qu'on redoute dans le métayage moins un moyen de pression brutale qu'un moyen de persuation et de conciliation. « Il vous déplaît « que le propriétaire soit l'ami, le confident du colon ! il

« vous déplaît que le colon puisse vivre en accord et en « harmonie d'opinions avec le propriétaire ; vous préféreriez « lui enseigner que notre ennemi c'est notre maître ! » C'est évidemment là ce que redoutent les hommes de désordre. Ceux qui ne voient dans les souffrances des pauvres qu'un moyen d'arriver au pouvoir, ceux qui attisent le feu des convoitises et des rancunes, et font tirer pour eux les marrons du feu des révolutions, tous ceux-là ne peuvent être qu'indignés par la communauté d'intérêts créée par le métayage.

Pour tous ceux au contraire qui rêvent aux problèmes sociaux une solution pacifique et durable, le métayage se présente au contraire commé un obstacle des plus sérieux aux théories subversives.

Plus que tout autre mode d'exploitation, dit Rérolle, le métayage contribue à l'harmonie sociale. Nous avons vu que les deux associés ont un intérêt commun : lorsqu'il a conscience de ses devoirs de patronage, et qu'il les remplit comme il convient, le propriétaire se rend compte des besoins de l'ouvrier. Les relations journalières qui s'établissent entre propriétaire et métayer contribuent puissamment à maintenir les bons rapports et à disiper par les malentendus.

Le métayage réalise le patronage dans la meilleure acception du mot et sans qu'on puisse lui faire le reproche d'une immixtion indiscrète dans les affaires des protégés.

Enfin le métayage est le mode de faire valoir qui s'opposera le mieux aux progrès du paupérisme. En effet le métayage ne provoque pas comme le fermage une augmentation du nombre des salariés. Le salariat a le grand inconvénient de ne pas entraîner une égale répartition des produits, et l'on constate de nos jours un accroissement simultané de la richesse et de la misère.

Répondant à l'auteur du voyage en France, M. Taine constatait que « l'agriculture quand elle est exercée en grand et devient une industrie savante, introduit par contre-coup dans les campagnes le régime et les misères des manufactures ; les enfants s'étiolent, restent ignorants, deviennent vicieux. Dans un district du Lincolnshire sur quatre cent cottages, deux cents n'ont qu'une chambre où toute la famille couche pêle-mêle. Et M. de Larminat, rapportant cette opinion de Taine, ajoute : « Je ne connais pas un seul « de nos cantons agricoles où l'on trouverait aujourd'hui « cette hideur.

TABLE DES MATIÈRES

PREMIÈRE PARTIE

Étude juridique.

I. — Obligations des Parties.

II. — Droits des Parties.

Dissolution du Contrat.

DEUXIÈME PARTIE

Étude Économique.

Orléans. — Imp. MAURICE FOURNIQUET, 47, rue Bannier.

www.ingramcontent.com/pod-product-compliance
Ingram Content Group UK Ltd.
Pitfield, Milton Keynes, MK11 3LW, UK
UKHW021856190726
13855UKWH00001B/351